마법 택시와 절대 퍼즐

글 김성삼 | 그림 김준식

작가의 말

싸매고 탐험대, 두 번째 탐험 이야기
과거를 통해 현재를 바라보고 미래로 나아가다

　군주론을 쓴 마키아벨리는 "미래를 예견하려는 사람은 과거를 찾아봐야 한다. 인간의 사건들은 언제나 과거의 사건들을 닮기 때문이다."라고 이야기했다고 합니다. 과거의 일들을 알아보고 생각해 보는 활동을 통해 다양한 지식과 지혜를 배우게 된다는 말이겠지요.

　매직메스학파의 숨겨진 수학 유물을 찾아 현실의 모험을 떠났던 싸매고 탐험대가 이번에는 마법 세계와의 연결을 통해 절대 퍼즐을 풀기 위한 과거로의 신나는 여행을 떠나게 됩니다. 그곳은 아르키메데스라는 그리스의 수학자가 살던 2200여 년 전 과거의 세상이랍니다. 아르키메데스는 역사상 가장 위대한 세계 3대 수학자라 불리는 사람이에요.

　요즘은 융합적인 사고력이 필요한 때라고 다들 말하고 있습니다. 엄청난 양의 지식이 매일매일 쏟아져 나오고 있고, 스마트폰만 켜면 다양한 분야의 지식을 언제든 확인할 수 있습니다. 이제는 이런 지식을 단순히 아는 것을 넘어서서, 원리를 터득하고 새로운 것을 생각하여 연결하며 창조해 내는 능력이 필요합니다.

수학과 과학은 각각의 과목으로 배우게 되지만 서로는 밀접한 관련이 있습니다. 이 책은 어린이 여러분이 흥미로운 모험 이야기 속에서 수학과 과학의 원리를 배우고 깨우치며 서로를 새롭게 연결하고 융합적으로 사고하도록 하였습니다. 저는 우리 친구들이 싸매고 탐험대와 함께 신나는 모험을 하면서 생각하는 힘을 키우고 사고의 폭을 넓히길 바랍니다.

어린이 여러분, 이제 탐험을 시작할 시간입니다. 모두 싸매고 탐험대와 함께 이야기 속 즐거운 모험을 시작해 볼까요?

자, 출발합니다. 고고고!!!

글쓴이 *김성삼*

차례

프롤로그 · 8

신기한 기계 · 10

아르키메데스를 만나다 · 26

친절한 안티무스 · 39

첫 번째 문제를 만나다 · 58

마법성으로 달려라 · 78

미궁에 갇히다 · 98

마법성의 비밀 · 112

가짜 성주 재로니스 · 128

세 번째 문제를 만나다 · 140

재로니스의 눈물 · 168

운명의 대결 · 182

스승의 편지 · 203

절대 퍼즐을 풀어라 · 221

에필로그 · 250

등장인물 소개

싸매고 탐험대
모험심 많고 논리적인 재민이, 동물을 사랑하는 무데뽀 찬혁이, 새침하면서도 왈가닥한 소녀 세라, 조용한 성격에 지리적 감각이 뛰어난 동진이가 하나로 뭉친 탐험대. 마법 세상의 소원을 이루기 위해 절대 퍼즐을 찾아 비밀스러운 모험에 나선다.

드라버

마법 택시를 몰고 다니는 마법 세상의 마법사. 절대 퍼즐을 풀어 스승을 구하고 마법 세상을 온전하게 바로잡기 위해 싸매고 탐험대를 찾아 인간 세상으로 온다.

호닉스
나쁜 방법으로 마법 세상을 지배하려는 검은 야욕을 지닌 마법사. 늙은 노스승과 친구를 배신하고 그들을 함정에 빠뜨린다. 충성스럽지만 호들갑스러운 난쟁이를 늘 데리고 다닌다.

재로니스
호닉스가 키우는 마법 세상의 고양이. 인간 세상과 마법 세상을 오가며 활동할 수 있는 몇 안 되는 동물로 변신이 주특기이다.

아르키메데스
역사적으로 가장 위대한 세계 3대 수학자

연투스
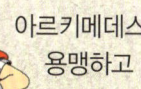
아르키메데스 시대의 성주. 용맹하고 형제애가 깊다.

라쿠스
마법 검술의 대가였지만, 마법에 걸려 힘을 잃어버린 전 성주.

안티무스
개인의 욕망에 따라 철저하게 행동하는 인물. 로마군과 손을 잡고 아르키메데스와 자신의 고향을 배신한다.

프롤로그

"큰일 났다, 큰일 났어!"

구슬을 살펴보던 난쟁이가 갑자기 호들갑을 떨었다. 그리고는 갑자기 구슬 주위를 빙글빙글 맴돌았다.

"놈이 왜 이리 설치는 거지?"

머리를 긁적이며 손으로 얼굴을 감싸고 심하게 불안해했다.

"주인님께 말씀드려야 하나……."

안으로 들어가려다 다시 머리를 움켜쥐며 난쟁이가 나왔다.

"아니야. 지금은 주인님이 예민하실 땐데……."

난쟁이는 혼잣말을 계속하며 커다란 귀를 팠다. 몸이 괜히 간질거렸다. 귀를 후비다 손가락으로 털어내며 후 불었다.

그때 한 노인이 방문을 열고 안으로 들어왔다. 검은 망토에 기다란 모자를 쓰고 있는 노인이었다. 치렁치렁 땅에 끌리는 옷에 소매가 긴 마법사 옷을 입고 있었다. 차가운 바람이 문틈 사이로 들어왔다. 노인이 옷깃을 여미며 이마를 잔뜩 찌푸리고 시끄럽다는 듯 인상을 썼다.

"주인님, 나오셨군요."

난쟁이가 얼른 달려가 노인 앞에 바짝 엎드렸다. 엉덩이가 머리보다 높게 들리는 게 우스꽝스러워 보였다.

"너는 그놈의 호들갑이 문제야. 왜 그리 가만있질 못하고……. 무슨 일이 있는 게야?"

노인이 야단을 쳤다. 노인의 호통 소리에 난쟁이가 움찔했다.

"영락없이 그놈이었습니다. 그놈이 나와서 지금 여기저기 일을 꾸미는 게 틀림없습니다."

"그놈이 확실하더냐?"

노인이 눈에 힘을 주며 난쟁이에게 되물었다.

"네. 조금 전에 분명히 나타났습죠."

"그래? 그나저나 퍼즐이 어디 있는지는 확인되었느냐?"

"아니요. 지금껏 못 찾고 있습니다. 아주 감쪽같이 사라졌습니다. 누군가 숨겨 놓은 것 같은데, 혹시 그놈과 관련 있는 거면 큰일 아닙니까?"

난쟁이가 머리를 조아리며 고개를 숙였다.

"지금은 머리가 아프구나. 나중에 생각해 보자."

노인은 인상을 쓰며 시끄럽게 말하는 난쟁이의 말을 막았다.

한편, 그 시간 대나무 숲에 갇혀 있던 또 다른 백발의 노인은 자신의 온 힘을 다해 마법의 쪽지 하나를 띄웠다. 마지막 남아 있는 모든 에너지를 모아 눈빛의 힘으로 쏘아 올렸다. 그 쪽지는 대나무 조각과 함께 하늘 높이 솟아올라 어느 높다란 언덕에 그대로 박혀 버렸다.

"이것을 다……시 바꿔 놓아……야 해."

그는 짧은 말과 함께 그대로 의식을 잃었다.

절대 퍼즐을 풀면 소원이 이루어지리라.

신기한 기계

"여기 있다."

재민이는 성진이가 가져온 '숨은그림찾기'를 뚫어져라 쳐다보고 있었다. 유치하게 보일지 모르지만 해 보니 왠지 재미있고 점점 빠져들었다. 그림들이 생생하고 사실적으로 그려져 있어서 좀 더 실감이 났다.

"이건 내가 더 많이 찾았어. 형이 진 거야."

"그래 봤자 내가 처음부터 찾은 걸 세면 훨씬 많을걸?"

성진이는 재민이의 2년 동생으로 이모의 아들이다. 재민이 집과 멀지 않은 곳에 살아 종종 와서 놀다 가곤 했다.

재민이는 자신들이 발견했던 매직메스학파의 마법 수학책이 과학관에 특별 전시되었다는 소식을 듣고, 그날 오후 친구들과 함께 과학관에 가기로 되어 있었다.

"주말이 되니 이 몸이 바빠서 말이야."

엄마가 끓여 준 라면을 먹고, 재민이는 미안한 마음에 농담을 하며 집을 나왔다. 이모에게도 나중에 또 보자며 인사를 꾸벅했다.

밖으로 나오니 날씨가 화창했다. 만나기로 한 세라와 찬혁이, 동진이는 정류장에 먼저 나와 있었다. 재민이와 아이들은 버스를 타고 과학관으로 향했다. 20분 정도 지나자 저 멀리 과학관이 보였다.

과학관은 생각보나 한산했다. 가속과 함께 온 사람늘이 대부분이었다. 재빨리 줄을 서서 정문으로 입장했다.

"이야, 정말 신기해. 우리가 찾은 마법 수학책이 이곳에 전시되다니……."

안으로 들어가자 체험하는 것이 많아 시끌벅적했다. 한쪽에 창의력 코너가 보였다.

"우리 저기 잠깐 들러 볼까?"

창의력 문제에 관심이 많던 재민이가 세라와 찬혁이에게 말했다. 재민이는 설치된 부스에서 이 문제 저 문제를 풀어냈다.

"이거 너무 쉬운데, 싸매고 탐험대 자존심이 있지. 이 정도쯤이야."

재민이가 짐짓 거드름을 피워 댔다. '싸매고(Science-

Mathematics Go)'는 수학 과학 탐험대라는 뜻으로 자신들이 직접 만든 이름이었다. 부르면 부를수록 왠지 친숙하게 다가왔다. 옆에는 벨이 발명한 옛날 전화기도 보였다.

"이걸로 전화를 했나 봐."

전화기를 동작시켜 보며 세라가 말했다. 손동작으로만 소리가 나는 장구도 있고, 색깔이 달라지는 물건도 재밌었다. 과학적 원리를 응용한 물건들이 과학에 부쩍 흥미를 느끼고 있는 세라의 호기심을 자극했다. 일상생활 속에 숨겨진 과학 현상에 대해 새롭게 알게 되는 것도 많았다.

"앗, 저긴가 봐."

'매직메스학파의 유물'이라고 커다랗게 쓰여 있는 방이 보였다. 안으로 들어가자 지난번 모험 때 찾은 책과 카드가 한 중앙에 있었다. 아이들이 찾아낸 유물이 학자들의 고증을 거쳐 오늘 과학관 개관 기념으로 전시된 것이다.

"이거 우리 싸매고 탐험대가 발견한 건데. 사람들이 알기는 하려나."

"그러게, 흐흐."

세간을 떠들썩하게 했던 유물왕 사기 사건은 이제 모두 잊혀졌고, 아이들은 학교생활에 전념하고 있었다. 부모님들도 더는 아이들이 공개적으로 노출되지 않기를 바라기도 했었다.

"삼촌도 보고 싶다. 잘 계시겠지?"

함께 모험에 참여했던 재민이 삼촌 나 박사는 지금 남극에 있었다. 일하던 연구소에서 남극 프로젝트를 맡게 돼 몇 달 전부터 남극에서 지내는 중이었다. 아이들은 모두 옛 생각을 하며 전시된 책과 유물을 둘러봤다. 새삼 그때의 모험이 떠올라 설레면서도 기분이 좋았다.

그 옆으로 가자 세계 각지에서 발견된 또 다른 여러 수학 유물들도 전시되어 있었다.

"앗, 저건 뭘까?"

재민이가 손으로 가리킨 곳에 오래되어 보이는 허름한 기계가 눈에 띄었다. 겉면에 마법사가 조각된 특이한 모습이었다. 가까이 다가가서 화면을 눌렀다.

"반갑습니다. 마법의 세계에 오신 것을 환영합니다."

화면이 밝아지며 글씨가 떴다.

"어? 작동이 잘 되네?"

재민이가 확인 버튼을 누르자 다음 화면이 나타났다.

암호를 푸시오.
HROPEDS.EERESTINTCOO

"암호? HROP…… 이게 도대체 무슨 말이야?"

"힌트 없나? 무작정 암호를 풀라면 어떻게 하라는 거지?"

이해가 안 되는 문제였다. 잠깐 고민을 하였지만, 무엇인지 감을 잡을 수 없었다. 그때, 갑자기 로마자 위에 암호 해독 키라는 작은 화면이 보이기 시작했다. 다섯 칸으로 된 □□□□□ 이었다.

"앗, 힌트인가 보다. 암호 해독 키?"

천천히 차츰 선명하게 떠오르다 다시 흐려지며 화면에서 사라졌다. 수 초 동안 그것이 반복됐다.

"암호 해독 키가 다섯 글자인가 봐."

"응, 그런데 암호 해독 키가 무엇인지도 안 알려 주고."

"그러게. 있으나마나네."

아이들은 기계 앞에서 계속 이야기를 나누며 생각을 했다. 하지만 마땅히 좋은 방법이 떠오르지 않았다.

"힌트도 없고, 이건 그냥 포기해야겠다."

아이들이 문제 풀기를 포기하고 밖으로 나가려는데, 갑자기 기계에서 치익치익 거리며 낯선 소리가 났다. 낮은 중저음의 기계음이었다.

"암호 해독 키를 찾고 싶으면 다음 버튼을 누르시오."

"다음 버튼?"

재민이가 고개를 돌렸다. 다음 버튼이 아랫부분에 보였다.

"어! 이게 언제 있었지? 분명 없었는데……."

고개를 갸웃거리며 버튼을 꾹 눌렀다.

"계속하시겠습니까?"

또다시 기계음이 들렸다.

"계속? 무엇을 계속해?"

이번에는 옆에 있던 찬혁이가 냅다 확인 버튼을 눌렀다. 화면이 잠깐 반짝거렸다. 그리곤 끼익 소리가 나더니 기계 아래로 카드 한 장이 나왔다. 마법사가 그려진 카드였다. 매직메스학파의 마법 수학책에서 보았던 그림과 비슷해 보였다.

"오, 이거 신기한데. 일단 챙겨 놓자."

찬혁이가 카드를 꺼내 요리조리 보더니 재민이 주머니에 쑤욱 넣었다. 잠시 후 화면이 점점 어두워지며 꺼졌다. 그리곤 기계가 완전히 동작을 멈추었다.

"신기한 기계네."

아이들은 카드를 가지고 방 밖으로 나왔다. 그런데 웬일인지 사람들이 웅성거리고 있었다. 곳곳에서 불만 섞인 큰 목소리도 들렸다. 울고 있는 어린아이도 보였다.

"뭐야? 무슨 일 있었나?"

아이들은 의아했다. 잠시 후 안내 방송이 들렸다.

"전기 시설 오류로 인해 잠깐 정전이 되어 큰 불편을 드렸습니다. 진심으로 죄송하게 생각합니다."

"아니 이러다 안전사고라도 나면 어떻게 할 거야? 이 과학관 전체가 전기가 나가다니 말이나 돼?"

인상을 찌푸린 한 아저씨가 격양된 목소리로 말했다.

"정전이 됐었어?"

"그러게. 전혀 몰랐는데……."

아이들은 정전 사실에 놀라긴 했지만, 자신들은 그것에 전혀 영향을 받지 않았다는 생각은 하지 못했다. 다른 부스에 금방 시선을 빼앗겼고, 여러 가지 조작 활동과 실험에 빠져 시간이 금방 지나갔다. 한참을 놀다 밖이 어둑어둑해진 걸 알고 부랴부랴 택시를 타기로 했다. 택시 승강장은 과학관 정문에서 오른쪽으로 돌아가면 있었다.

"앗, 저기 택시 있다."

동작이 빠른 찬혁이가 저 멀리 택시를 발견하고는 도로로 나가 손을 흔들었다. 저쪽에서 택시 한 대가 다가오고 있었다. 그때였다.

"앗! 찬혁아, 조심해!"

재민이가 큰 소리로 외쳤다. 중간에서 우회전하며 들어오는 큰 트럭이 택시를 잡기 위해 차도에 내려간 찬혁이에게로 갑자기 다가왔다.

"위, 위험해!"

그때였다. 택시가 트럭 앞으로 라이트를 켜고 큰 소리로 경적을 울리며 들어갔다. 트럭은 1차로로 방향을 틀어 멈추었고, 택시도 속도를 못 이겨 인도 위로 반쯤 올라와 버렸다. 깜짝 놀란 트럭 아저씨가 얼굴이 새파래져서 내렸다. 반대쪽 택시에서도 택시 아저씨가 내렸다. 모자를 깊이 눌러쓰고 있었다.

"죄송합니다. 전화를 받다가 아이들을 보지 못했어요. 어디 다친 데는 없나요?"

아이들은 다행히 아무도 다치지 않았다. 택시 문에 약간 긁힌 자국이 있었다.

"아, 전 괜찮습니다. 아이들도 모두 괜찮은 것 같고, 바쁘신 것 같은데 어서 가시죠. 쿨럭."

"문이 긁힌 것 같은데······."

"아니요, 괜찮습니다. 쿨럭, 어서 가세요."

그리곤 다시 황급히 택시에 타려고 했다. 트럭 아저씨는 연신 죄송하다고 하곤 혹시 나중에 이상이 있으면 연락하라며 명함을 주었다. 택시 아저씨는 부리나케 운전석 문을 열었다.

"택시 잡으려고 했지. 자, 어서 타려무나. 쿨럭."

"아저씨! 괜찮으세요?"

"물론이다. 아무 이상 없다. 쿨럭. 이런 감기가 안 떨어지네."

택시 아저씨는 손으로 입을 막으며 연신 기침을 했다. 아이들이 택시에 올라타자, 자리에 앉아 있던 아저씨가 고개를 살짝 돌렸다. 얼굴색이 창백해 보였다.

"아저씬 성격이 참 좋으신 것 같아요. 보통 이럴 때는 엄청 큰 소리로 싸우던데······."

세라가 말했다.

"아, 그런가?"

아저씨는 짧게 대답했다. 사실 택시가 아니었으면 찬혁이는 트럭에 바로 치일 뻔했다. 생각만 해도 아찔했던 순간을 떠올리며 찬혁이는 놀란 가슴을 다시 쓸어내렸다.

아이들은 집 주소를 이야기했고, 잠깐 신호를 기다리다 큰길로 진입했다. 차가 조금 막히는 듯하더니 제법 속도가 났다.

"그런데 얘들아, 너희 카드는 어딨니?"

"무슨 카드요? 저희 교통카드 말고 현금으로 드릴 건데요."

재민이가 만 원짜리 지폐를 보여 주며 말했다.

"아니 그것 말고, 이런 그림이 그려진 것을 가지고 있을 텐데."

택시 아저씨가 마법사가 그려진 카드를 보여 주었다. 찬혁이가 재민이 주머니에 넣었던 카드와 비슷했다.

"아! 그거 과학관 암호 푸는 기계에서 나온 것 같은데, 여기에 넣었나?"

재민이가 안쪽 주머니를 뒤적이더니 카드를 꺼냈다.

"그래, 바로 그거야. 잠깐만 줘 보겠니?"

재민이가 머뭇거리다 아저씨에게 카드를 넘겼다.

"근데 저희가 카드를 가지고 있는 걸 어떻게 아셨어요?"

아이들은 갑자기 등골이 오싹해졌다. 아저씨는 묻는 말에 대답하지 않고 잠시 말을 멈췄다. 그리고는 카드를 계기판 앞에 꽂았다. 치그덕 소리가 나더니 뚜뚜 무언가 결합하는 것 같았

다. 갑자기 택시 안에서 빛이 번쩍거렸다. 또다시 띠리링 무언가 연결되면서 기계음과 함께 반복적인 소리가 들렸다.

"뭐예요, 아저씨?"

아이들 모두 깜짝 놀랐다.

"이 차는 마법 택시란다. 너희는 비밀의 문을 여는 마법의 카드를 가지고 있어."

"네?"

"난 너희가 매직메스학파의 유물을 찾을 때부터 눈여겨보고 있었단다."

아이들은 서로를 마주 보았다. 무슨 뚱딴지같은 소리인가 싶었다.

"너희가 가지고 있던 이 카드가 날 불렀고, 너희는 이제 새로운 세계로 가게 될 거야. 그곳에서 문제를 찾고 답을 해결해야 해."

이해할 수 없는 말의 연속이었다.

"너무 걱정하지는 마. 현실 세상의 시간은 너희가 돌아올 때까지 멈춰 있을 거야. 얘들아, 꽉 잡아. 곧 다른 세상으로 들어가게 될 거야."

차를 타고 다닐 때 늘 보는 백호재 터널이었다. 터널에 진입하면서 택시는 조금씩 속도를 높였다. 택시가 앞뒤로 심하게 흔들거리며 창밖이 칠흑같이 어두워졌다. 깜깜한 어둠이 수 초 동안 계속되었다.

"어……."

아이들은 놀라서 아무 말도 하지 못했다. 터널을 빠져나온 건지 다른 곳으로 나간 건지 분간이 안 됐다. 잠시 후 점점 주변이 환해지기 시작했다.

"자, 이제 거의 다 왔구나. 난 이 마법 지도를 통해 너희의 위치를 파악하게 될 거야. 마법의 문제를 풀고 나선 이 카드를 꼭 다시 문제에 대어야 한다."

아이들 눈앞에 두루마리 지도가 펼쳐졌다. 그리고 그 위로 파란색과 노란색 불빛이 함께 움직이는 게 보였다. 허공에 있는 지도는 신기하게도 손에 잡히지 않았다. 택시 아저씨는 아까 꽂았던 카드를 다시 빼서 주었다.

"마법 지도 위로 보이는 노란색은 이 택시의 위치 그리고 파란색은 너희가 가지고 있는 마법 카드의 위치이다. 마법의 문제는 예상하기론 모두 네 문제, 택시와 카드가 마법 에너지로 연결이 되고 마법의 문이 열려 있는 동안 꼭 성공해야 한다. 문제를 모두 찾으면 그때 다시 데리러 오마. 아, 내 이름을 말 안 했군. 난 드라버라고 한단다."

차가 완전히 멈추어 섰다.

"그런데 여, 여기가 어디죠?"

"위도 북위 $34°~42°$, 경도 동경 $19°~28°$에 위치한 고대 남부 유럽, 마법의 문제를 찾을 수 있는 곳."

"고대 남부 유럽이요?"

아이들을 내려주고 택시는 홀연히 사라졌다. 아이들은 택시가 사라진 모습을 잠시 멍하니 바라보았다. 꿈같은 일이었다.

"이것 보십시오, 주인님. 지금 놈이 택시를 타고 날아갔습니다. 그것도 이상한 꼬마 놈들을 데리고요."

난쟁이는 구슬을 들어 노인에게 보였다. 키가 작은 난쟁이는 꽁지발을 딛고 있었다. 난쟁이 옆에 있던 노인은 고개를 두세 번 끄덕인 후 미간을 찌푸리며 말했다.

"그게 큰 문제가 되겠느냐? 내가 글자도 바꾸어 버렸는데."

"그래도 유비무환이라고 하지 않습니까? 문제가 생기기 전에 예방하는 게 좋을 것 같습니다. 저는 너무 불안한데, 주인님은 너무 태평하십니다요."

"그래?"

위도와 경도 알아보기

1. **위도와 경도**

   지구에 있는 나라와 지역을 정확히 표현하기 위해 지구상을 가로와 세로로 구분한 가상의 선

   ① 위도 : 적도를 중심으로 북으로 90도(북위), 남으로 90도(남위)까지 표현한 가로선으로 날씨와 관련됨. (적도에서 멀어질수록 날씨가 추워요.)

   ② 경도 : 영국 그리니치 천문대를 중심으로 동쪽으로 180도(동경), 서쪽으로 180도(서경)까지 나타낸 세로선으로 시간과 관련됨. (그리니치 천문대를 중심으로 좌우로 멀어질수록 시간의 차이가 크게 나요.)

2. **우리나라의 위치**

   위도 북위 33°~43°이고, 경도는 동경 124°~132°이다.

   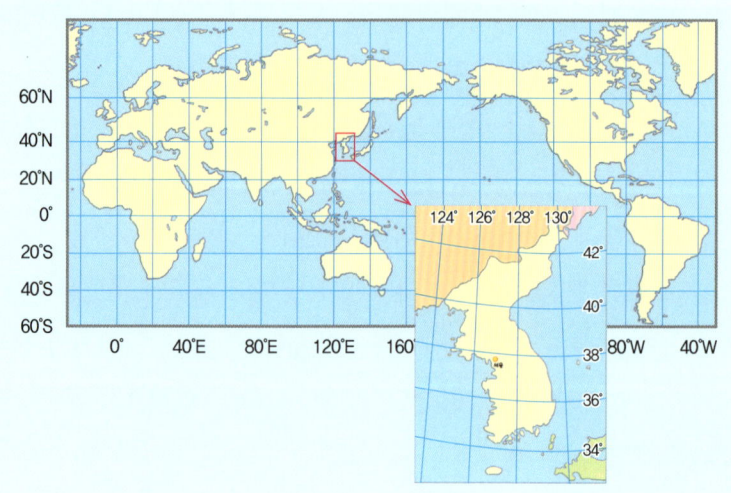

노인은 골똘히 생각에 잠겼다. 그들이 있는 곳은 주위가 온통 까만 암흑과 같은 방이었다. 난쟁이는 투명한 구슬을 들고 있었고, 그 구슬 안에는 또 하나의 작은 구슬이 들어 있었다. 작은 구슬에서 밝은 빛과 함께 찌릿찌릿 전기가 나왔다. 방 뒤쪽엔 커다란 돌들이 바닥에 놓여 있고, 돌 위에 고양이 한 마리가 어둠 속에서 눈빛을 반짝이며 앉아 있었다.

"잘 생각하셔야 합니다. 놈이 이 아이들과 무슨 일을 꾸밀지 아무도 모르는 일입니다. 그러다가 인간 세계에 숨겨둔 퍼즐이라도 풀어낸다면 큰일 아닙니까? 드라버 저놈이 절대 퍼즐을 평범한 기계 속에 칩의 형태로 숨겨 놓은 것을 생각해 보십시오."

노인이 난쟁이에게서 구슬을 빼앗아 손바닥 위에 놓았다. 신기하게도 손 위로 구슬이 떠오르고 있었다.

"그래. 아주 열심히구나, 드라버. 절대 퍼즐을 풀고 마법 소원 한 가지를 이루려 하겠지."

노인이 머리를 앞으로 향한 채 구슬 속 사람에게 말하듯 천천히 또박또박 말했다. 구슬의 표면에 노인의 실루엣이 드러났다. 얼굴이 선명하게 보이진 않았지만, 백발의 머리와 수염이 무척 길고 유난히 큰 코가 도드라져 있었다.

"어떻게 하면 좋겠느냐? 좋은 생각이라도 있느냐?"

"제 생각엔…… 재로니스를 보내시지요. 재로니스는 자유자재로 변신할 수 있지 않습니까? 인간계에서 우리 마법사 팬덤처럼 에너지가 소모되지도 않고요."

"음, 그렇지."

"지난번에 주인님께서 큰일을 하실 때도 아주 커다란 공을 세우기도 했습죠."

노인은 뒤의 고양이를 보았다. 날렵하게 생긴 고양이 한 마리가 고개를 쳐들었다. 검정 털에 흰색 무늬를 가진 고양이였다. 가슴팍에는 Z모양의 글씨가 쓰여 있었다.

"재로니스 괜찮겠느냐?"

그러자 고양이가 눈을 반짝거리며 야옹 하고 소리를 냈다. 재로니스는 마법계와 인간계를 넘나들며 생활할 수 있는 몇 안 되는 동물이었다. 노인을 만나서 마법적 재능이 싹 틔워져 여러 가지 동물, 심지어 사람으로도 변신할 수 있었다.

"그럼 재로니스, 너의 재능을 다시 한번 발휘해 보아라. 인간계에서 혼자 활동하는 거라 쉽지는 않을 것이다."

"야옹."

"사람으로 변신해 그들을 미행하거라. 그리고 우리 편이 될 사람을 포섭하여 놈들의 계획을 막아야 한다."

노인은 고양이의 머리를 쓰다듬었다. 고양이도 앞발을 들어 노인의 다리를 긁으며 재롱을 떨었다.

"그래 좋다, 재로니스. 자, 이제 나가거라."

노인은 고양이를 두 손으로 번쩍 들어 공중으로 던졌다. 그리고는 무언가 주문을 외웠다. 고양이는 어디론가 빨려 들어가며 순식간에 사라졌다.

공부에 도움이 되는 수학·과학 톺아보기

★ 톺아보기란?
'자세히 살펴보다'라는 뜻의 순우리말입니다.

1. 위도와 경도란 무엇인가요?

    위도:

    경도:

2. 우리나라의 위치를 아래 세계지도에서 찾아보세요.

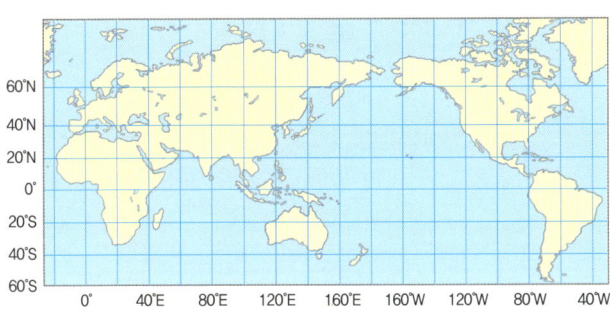

3. 아이들이 간 북위 34°~42°, 동경 19°~28°은 어느 곳인지 찾아보세요.

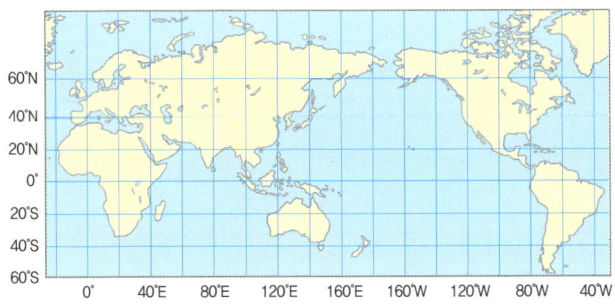

4. 러시아는 하나의 나라에서 11개의 표준시가 사용된다. 왜 그럴까요?

    ❶ 여러 지역에 걸쳐 경도가 너무 넓게 나누어져 있기 때문에
    ❷ 부족마다 시간을 세는 방법이 다르기 때문에
    ❸ 시간이 다르면 남들 공부할 때 혼자 재미있게 놀 수 있기 때문에
    ❹ 국토가 위아래로 길어 위도 차이가 크기 때문에
    ❺ 시간을 통일하는 게 귀찮아서

아르키메데스를 만나다

택시에서 내린 아이들은 약간의 어지러움을 느꼈다. 나무가 많고 수풀이 우거진 길 가운데 아이들만 덩그러니 서 있었다.
"여기가 어디지?"
그사이 인간 내비게이션 동진이는 여기저기를 살피고 있었다. 그때였다. 갑자기 사람들의 발소리가 들리며, 세 남자가 허겁지겁 아이들에게로 달려왔다. 옷은 온통 찢기고 땀과 진흙이 범벅되어 한눈에 봐도 쫓기는 것 같았다.
"애들아, 잠시만 우리를 숨겨 주렴."
일행의 맨 앞에 있던 사람이 아이들에게 다급히 말했다.

"자, 어서 서둘러."

그는 뒤따라오는 사람들에게 어서 오라고 손짓했다. 뒤이어 두 명의 일행이 가쁜 숨을 쉬며 다가왔다. 그들은 잠시 주위를 두리번거리더니 수풀 속으로 서둘러 들어갔다. 그리고는 완전히 안 보이게 몸을 숨겼다.

아이들은 깜짝 놀랐다. 뭔가 판단할 겨를도 없이 순식간에 벌어진 일이었다. 잠시 후 말을 탄 한 무리가 흙먼지를 일으키며 나타났다. 그리고는 아이들에게 다짜고짜 수상한 남자 셋을 못 보았냐고 물었다. 보나마나 방금 그 사람들을 찾는 것임이 틀림없었다.

"아니요. 못 봤어요."

잠시 망설이던 새빈이가 아이들을 둘러보며 말했다. 앞에 있던 사람이 뒤를 보고 없다고 하자 사람들이 웅성거리는 소리가 들렸다.

"뭐야? 이상한데……."

한가운데 있던 우두머리로 보이는 사람이 고개를 갸웃거렸다.

"아까 갈림길이 있었는데, 그쪽으로 올라간 것 같습니다."

무리 중에서 소리가 들렸다.

"그래. 그럼 빨리 그쪽으로 가 보자. 이 자식들 어디로 숨은 거야?"

말을 탄 사람들이 반대쪽으로 바람처럼 사라지자, 땅을 흔들던 말발굽 소리도 순식간에 작아졌다.

"휴."

아이들의 등에서는 식은땀이 흐르고, 손도 땀으로 흥건히 젖어 있었다. 잠시 후 수풀 속에 숨어 있던 세 남자가 모습을 드러냈다.

"고맙구나."

처음 도움을 요청했던 사내가 말했다.

"아니에요. 그런데 괜찮으세요? 쫓기는 것 같은데……."

"응, 그냥 그럴 일이 있다. 그런데 너희는 누구냐? 왜 여기에……."

"네, 제 이름은 차재민이라고 합니다. 길을 잃었어요."

"그렇군. 길을 잃었다면 반대 방향으로 조금 더 내려가면 바닷가 마을이 보일 거다. 차…… 재민? 다시 보게 되면 이 은혜를 갚도록 하겠다. 네 이름을 기억하마."

잠시 숨을 고르던 남자들은 다시 산속 길로 걸음을 옮겼다. 순식간에 모습이 사라졌다. 다시 아이들만 덩그러니 남았다.

"아, 이게 어떻게 된 거지?"

아이들은 정신을 차릴 수가 없었다. 하지만 일단 산에서 내려가는 게 먼저였다. 그 사람의 말대로 동진이가 앞장서 반대쪽으로 내려가자 고개 뒤쪽 조그만 바닷가 마을이 보였다.

마을로 들어가자 수염을 수북이 기르고 통이 큰 소매에 치렁치렁한 옷을 입은 사람 여럿이 길가에 나와 무언가 이야기를 하고 있었다. 아이들은 조심스럽게 다가갔다.

"저, 저기 아저씨 죄송한데 여기가 어디예요?"

무데뽀 찬혁이가 용기를 내 물었다.

"여기가 어디라니?"

"사실은 저희가 길을 잃어서요."

"길을 잃어?"

앞에 있는 사람이 눈을 치켜떴다.

"네. 저희는 한국이라는 나라에서 왔어요. 아시아에 있는……."

"한국, 아시아? 나라 이름이 이상한데?"

모두 의심의 눈초리였다.

"그렇지 않아도 뒤숭숭한데 왠지 수상한 놈들 같소."

그중에 험악해 보이는 얼굴을 한 사람이 다짜고짜 아이들을 잡았고, 첩자가 틀림없다며 흥분을 했다. 아이들이 잔뜩 겁을 먹자, 옆에 있던 사람들이 말렸다.

"어, 이 사람 갑작스럽게…… 진정하시오. 일단 선생님께 데리고 가 봅시다."

사람들은 아이들을 데리고 어딘가로 향했다. 홀로 떨어진 집 마당에서 노인이 땅바닥에 무언가를 열심히 그리고 있었다. 노인을 보자 사람들이 고개를 크게 숙여 인사를 했다. 잠시 말을 주고받더니 선생님이라 불리는 노인이 아이들을 한참 관찰한 후 입을 열었다.

"너희는?"

"안녕하세요. 저 저희는 한국에서 온 학생들이에요."

애써 태연한 척했지만 재민이의 목소리가 떨렸다.

"뭐? 한국? 그게 어디에 있지? 처음 듣는 나라인데……."

노인은 양미간을 찌푸렸다.

"저기 저…… 사, 사실은 미래에 있는 나라 이름이에요."

이번에는 찬혁이가 노인에게만 들리게 살짝 말했다.

"이놈들을 일단 모두 가두시죠. 수상쩍은 말과 모습을 보니 아무래도 로마군 첩자인 것 같습니다."

아까 그 흥분했던 사람이 아이들을 가두라고 계속 부추겼다. 아이들은 꼼짝없이 갇히게 되었다. 가축을 가두어 놓는 우리 같은 곳이었다. 갑작스럽게 벌어진 일에 아이들은 말 그대로 혼란한 상태였다. 모두 놀란 가슴이 진정되지 않았다. 일단 정신을 차리고 심호흡을 하며 마음을 차분히 하기 위해 애썼다.

계속해서 한쪽에선 사람들이 모여 이야기를 하고 있었다. 로마군 이야기며 전쟁 이야기가 들렸다. 그들은 한번씩 고개를 돌려 의심의 눈길로 아이들을 쳐다보곤 했다.

"이쪽 바닷가로 놈들이 쳐들어올 것 같은데 대책이 필요합니다. 놈들의 수가 우리보다 훨씬 많아서 섬에 상륙하면 우리가 질 수밖에 없습니다."

"그렇지 않아도 그것 때문에 너무 골치가 아파. 우리 편 숫자가 너무 적어."

"아르키메데스 선생님, 좋은 방법이 없겠습니까?"

"글쎄. 고민 중이긴 한데……."

노인이 눈을 지그시 감았다.

"저 사람 이름이 아르키메데스래."

듣고 있던 재민이는 말문이 막혔다. 손으로 얼굴을 세게 꼬집어 보고 싶을 정도로 믿을 수 없는 일이었다. 아르키메데스라면 무려 2000년도 더 전에 살았던 그리스의 수학자였다. 현실과 과거의 시간과 장소가 온통 뒤죽박죽되어 버렸다.

'아르키메데스? 그럼 이곳은 고대 그리스이고, 로마군과 전쟁을 앞둔 상황?'

재민이는 사람들의 대화와 이곳의 상황이 조금씩 이해되기 시작했다.

"저기요, 제 말 좀 들어 보세요."

재민이가 잠시 생각을 한 후 우리 사이로 손을 내밀었다. 사람들이 고개를 돌렸다.

"제가 로마군을 물리칠 방법을 알고 있어요."

"뭐라고?"

사람들의 놀란 시선이 느껴졌다.

"태양 빛을 이용하는 거예요. 로마군은 배를 타고 이곳으로 오게 될 거예요. 그때 태양 빛을 이용해 나무로 만든 배를 공격할 수 있어요."

아르키메데스의 여러 이야기를 책을 통해 잘 알고 있던 재민이가 계속 말을 이어갔다.

"거울을 이용해서 빛을 모으는 거예요. 이런 더운 날씨에 모인 햇빛은 큰 위력을 발휘할 수 있을 거예요. 수십 개의 거울로 빛을 모아 적의 배를 비추는 거죠."

"그렇다면 거울 빛을 이용해 적들의 군함을 불태우자는 말이야?"

"네. 거울을 많이 이용한다면 불가능하진 않아요."

빛의 성질 알아보기

1. **빛의 성질**
   ① 직진 : 빛이 같은 물질 내에서 곧게(直) 나아가는(進) 성질
      (동굴 틈으로 비친 햇빛, 레이저쇼, 등대의 불빛)
   ② 반사 : 빛이 물체의 표면에 부딪혀 나아가는 방향이 바뀌는 현상

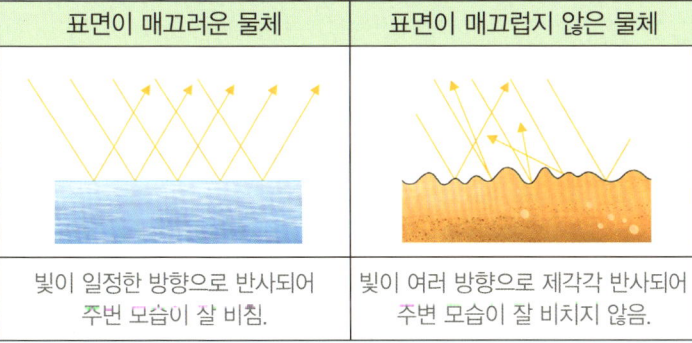

표면이 매끄러운 물체	표면이 매끄럽지 않은 물체
빛이 일정한 방향으로 반사되어 주변 모습이 잘 비침.	빛이 여러 방향으로 제각각 반사되어 주변 모습이 잘 비치지 않음.

   ③ 굴절 : 빛이 한 물질에서 다른 물질을 지나갈 때 나아가는 방향이 꺾이는 현상

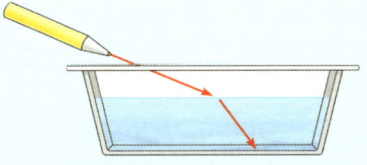

〈공기에서 물로 빛이 나아갈 때의 모습〉

2. **거울**
   ① 빛의 직진과 반사의 성질을 이용한 생활 속 대표적인 도구
   ② 물체의 크기는 같지만, 좌우가 바뀌어 보인다.
      (옆 글씨를 거울로 읽어 볼까요.)
   ③ 직접 볼 수 없는 곳을 거울에 비춰 편리하게 볼 수 있다.
      예) 치과용 거울, 자동차의 옆 거울, 매장의 도난 방지 거울 등

사람들은 깜짝 놀랐다. 수상쩍은 아이의 제안이 제법 괜찮아 보였기 때문이다. 그중에 아르키메데스가 가장 놀라워했다.

"그렇지 않아도 요즘 계속 그 생각을 하고 있었어. 빛의 반사하는 성질을 이용해서 한곳으로 빛을 모으면 열을 내게 할 수 있지. 도대체 너희는 누구냐?"

아르키메데스는 마음을 들킨 듯 재민이를 한참 동안 뚫어지게 보았다.

"말씀드렸잖아요. 저희는 바다 저쪽, 지구 건너편에 있는 한국에서 온 학생들이라고요. 진짜 어떻게 하다 보니 갑자기 이곳으로 오게 됐어요. 저희는 절대 로마군의 첩자가 아니니 믿어 주세요."

재민이가 가슴에 손을 대 보였다.

"선생님, 일단 로마군 쪽 사람은 아닌 것 같습니다."

"그래 일단 그곳에서 빼 주는 게 좋겠네. 그냥 조그만 아이들이잖아."

아르키메데스가 말했다.

"수상한 짓 하면 바로 다시 가둘 줄 알아."

감옥에 가두자고 했던 사람이 문을 열어 주며 으름장을 놨다. 옆에 있던 아르키메데스는 차분하게 이야기를 계속했다.

"거울로 적의 군함을 태운다는 건 가능한 이야기요. 여러 개의 거울을 이용하여 빛을 한곳에 모은다면 적의 배에 충분히 불을 붙일 수 있소."

"불을 내지 않고도 불이 붙는단 말입니까?"

"물론이오. 물체의 온도가 높아지면 불이 붙게 되오. 태양 빛을 반사하여 여러 개 거울로 초점을 맞추면 온도가 올라갈 테고, 바람이 잘 통할 테니 불이 붙는 게 가능한 일이오. 사실 로마군을 물리칠 묘수로 얼마 전부터 계속 고민하고 있었던 방법이오."

재민이는 아르키메데스가 거울 수십 개를 이용해 불을 붙여 로마군을 물리쳤다는 이야기를 책을 통해서 알고 있었다. 불이 붙는 조건은 발화점 이상의 온도, 탈 물질 그리고 산소로, 더운 날 바다 위에 있는 나무배들은 불을 붙이기에 최적의 조건이었다. 재민이의 얼굴에 미소가 그려졌다.

"선생님, 그럼 빨리 거울을 만들도록 하지요. 지금 당장 시작해야 하지 않겠습니까?"

"가로 세로의 길이가 1m 이상 되는 큰 거울이면 좋을 것 같소. 일주일 동안 거울 50개를 만드는 게 가능하겠소?"

"네, 선생님. 마을 청년들을 동원하면 충분히 만들 수 있을 것 같습니다. 그나저나 이 아이들은 어떡할까요?"

"음, 내가 일단 데리고 있겠소. 우리에게 위협이 되지는 않을 것 같으니 걱정하지 말고 가시오. 이런 어린아이들이 무슨 나쁜 일을 한단 말이오."

모여 있던 사람들이 아르키메데스의 말을 듣고 하나둘 흩어졌다.

집안에는 아이들과 아르키메데스 그리고 집을 지키는 하인들만 남았다. 하인의 부름에 아르키메데스도 잠깐 마당으로 나가

연소와 소화 알아보기

1. **불이 붙기 위해서는(연소)**

    발화점 이상의 온도, 탈 물질, 공기(산소)라는 세 조건이 모두 있어야 한다.
    ※발화점 : 어떤 물질이 타기 시작하는 온도로 물질마다 발화점이 다르다.
    (발화점이 낮을수록 타기 쉬움)

물질	붉은 인	흰 종이	숯	나무
발화점(℃)	260	270	360	400~470

2. **물질이 연소할 때 생기는 것 : 물과 이산화탄소**

    〈교과서 속 촛불을 넣은 집기병 실험〉

    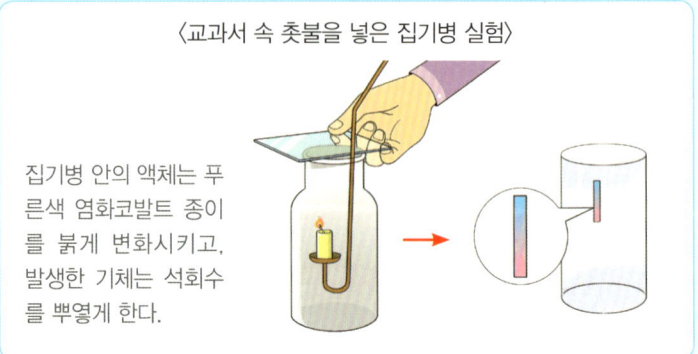

    집기병 안의 액체는 푸른색 염화코발트 종이를 붉게 변화시키고, 발생한 기체는 석회수를 뿌옇게 한다.

3. **불이 꺼지기 위해서는(소화)**

    아래 세 조건 중 한 가지만 있어도 된다.

소화의 세 가지 조건	예
발화점 아래로 온도 낮추기	물 뿌리기
탈 물질 없애기	가스 밸브 잠그기
공기(산소) 공급 막기	이불로 덮거나 모래 뿌리기

자 방에는 아이들만 있게 되었다.

"그나저나 어떻게 우리가 갑자기 고대 그리스로 날아오게 된 걸까?"

찬혁이가 말했다.

"아까 택시가 일종의 타임머신 아니었을까? 미래나 과거로 갈 수 있도록 만든 기계. 영화에서 보면 나오잖아."

"그럼 그 택시 아저씨는……."

"택시 아저씨? 난 사실 얼굴도 제대로 못 봤어."

"매직메스학파 유물을 구할 때부터 우리를 지켜보고 있었다고 했는데……."

"찬혁일 구해 주신 분이니까 나쁜 사람은 아니겠지?"

아이들은 아무리 골똘히 생각해도 전혀 감을 잡을 수 없었다.

'택시 아저씨 그리고 이상한 택시, 과학관에서 뽑았던 카드. 과연 정체가 무엇일까? 아, 삼촌만 있으면 우리를 도와주실 수 있을 텐데…….'

재민이와 아이들은 이 생각 저 생각으로 복잡한 마음을 털 듯 바닥에 벌렁 누워 버렸다.

공부에 도움이 되는 수학·과학 톺아보기

★톺아보기란?
'자세히 살펴보다'라는 뜻의 순우리말입니다.

1. 빛의 성질은 직진, 반사, 굴절 세 가지가 있다. 이 중 한 가지 성질을 골라서 그 뜻을 설명해 보세요.

2. 거울에 비친 빛이 다른 쪽에 있는 길동이의 눈을 비췄다. 이를 통해 알 수 있는 빛의 성질은 무엇인가요?

3. 우리가 마당에 핀 꽃을 볼 수 있는 까닭은 무엇인가요?
   ① 꽃은 그 자체로 빛을 내므로
   ② 우리 눈에서 빛을 발사하기 때문에
   ③ 꽃에 반사된 빛이 우리 눈에 들어오기 때문에
   ④ 꽃이 환하므로 우리 눈에 잘 띄기 때문에
   ⑤ 꽃은 어디에나 피어 있기 때문에

4. 물질에 불이 붙게 되는 연소의 3가지 조건은 무엇인가요?

5. 불이 꺼지는 소화의 3가지 조건은 무엇인가요?

6. 집기병 안에 연소하는 초를 넣고 '연소 후 발생한 물질이 무엇인지 알아보는 실험'을 하였다. 실험 결과 발생한 물질은 푸른색 염화코발트 종이를 붉게 변화시키고, 석회수는 뿌옇게 만들었다. 초가 연소한 후 어떤 물질이 생겼다고 볼 수 있나요?

친절한 안티무스

 아르키메데스는 꽤 친절하고 다정한 사람이었다. 모두가 떠난 후 아르키메데스가 거리감 없이 대해 주자, 아이들은 한결 편안해지며 궁금했던 것들을 물었다.
 "할아버지! 할아버지께서 '유레카' 하신 거 맞아요? 그러니까 왕관에 들어 있는 금을 확인하고, 목욕탕에서 뛰어나오셨다고 들었어요."
 새침한 세라가 웬일인지 할아버지라고 부르며 친근하게 다가갔다.
 "아, 유레카? 창피하게 그 일은 왜 이야기해? 벌거벗고 뛰어

나와 사람들이 온통 쳐다보는데, 그제야 벌거벗은 줄 알았지. 그나저나 너희도 내 이야기를 들은 게냐?"

"네! 사실 할아버지는 굉장히 유명하신 분이거든요. 그때 이야기 좀 해 주세요."

"허허허."

아르키메데스는 사람 좋은 웃음을 지으며, 잠시 망설이다가 말을 시작했다.

"하루는 히에론 왕에게 인사를 하러 갔는데, 왕께서 고민이 있다며 이것을 해결해 달라고 하셨어. 세공업자에게 제작하도록 명령한 왕관이 순금이 아니라는 소문을 들으신 거지. 세공업자의 말을 믿기에는 신뢰가 안 가고, 금관 속에 다른 물질이 들어 있는지를 겉으로 봐서는 확인할 수가 없었거든. 왕께 시간을 달라고 하고 돌아왔지만 아무리 고민해도 답을 찾을 수 없었지. 그러다 목욕탕에 가게 되었는데, 탕에 들어가 몸을 담그니 물이 넘치는 거야. 아, 넘치는 물! 그때 생각이 퍼뜩 떠올랐지. 그리곤 나도 모르게 '유레카(발견했다)'라고 외치며 밖으로 뛰쳐나오게 된 거야."

"물이 넘치는 걸 보시고 무엇을 발견하신 거예요? 그게 어떤 관계가 있죠?"

세라는 더욱 궁금해졌다.

"우리가 물에 어떤 물질을 넣으면 그 물질의 부피만큼 물이 넘치게 돼. 어른이 물에 들어갈 때와 아이가 물에 들어갈 때 넘치는 물의 양은 다르겠지?"

"네."

모두 고개를 끄덕였다.

"왕관이 왕께서 주었던 온전한 순금이라면 만들기 전과 후의 부피가 같았겠지. 만약 불순물, 즉 은이나 구리 등을 섞었다면 부피가 달라질 거야. 은이나 구리는 금과 같은 무게일 때 부피가 커지거든. 그렇다면 왕관과 순금을 넣었을 때 넘친 물의 양을 비교하면 왕관이 진짜 순금인지 아닌지 알아낼 수 있겠지. 예상대로 왕관을 넣었을 때 같은 무게의 순금 덩어리보다 많은 양의 물이 넘쳤어. 그래서 그 왕관이 온전한 순금이 아니란 걸 밝힐 수 있게 되었지."

"아, 이제 알겠어요. 세공업자가 왕관의 무게는 똑같이 속일 수 있었지만, 부피까지 똑같게 할 수 없다는 걸 생각해서 알아낸 거네요. 대단하신 것 같아요."

아이들은 감탄했다.

"많은 생각을 하고 고민을 하면 어떤 문제든, 그게 누구든, 해결책을 찾아낼 수 있지."

아르키메데스의 주름진 얼굴에서 자상하고 인자한 노학자의 풍모가 느껴졌다.

아이들은 아르키메데스의 안내에 따라 집 안을 잠깐 둘러볼 수 있었다. 여기저기 복잡한 도구들이 어지럽게 놓여 있고, 바닥에는 원의 바깥쪽과 안쪽에 도형이 그려진 그림이 보였다.

"와, 이것은 원의 둘레를 구하는 거 아니에요?"

재민이가 물었다.

싸매고 수업 속으로 퐁당!

무게와 부피의 관계 알아보기

1. 같은 부피라도 물체마다 무게는 다르다. 만약 내가 나무꾼이라면 똑같은 부피의 봇짐 중 어떤 것을 멜까요?

   ① 옷   ② 나무   ③ 돌   ④ 철   ⑤ 스펀지

2. 같은 무게라도 물체마다 부피는 다르다. 같은 무게의 쌀 1kg, 뻥튀기 1kg, 쇠 1kg 중 부피가 가장 큰 것과 부피가 가장 작은 것을 쓰세요.

3. 무게의 정의와 단위(세계적으로 통일)

무게	정의	관계	
1g	물 1cm³의 무게	1,000배 증가	1,000,000배 증가
1kg	물 1,000cm³의 무게	1,000배 증가	
1t	물 1,000,000cm³의 무게		

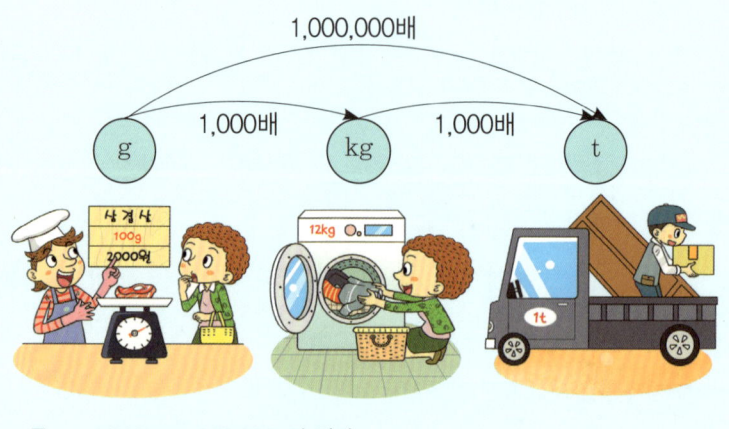

즉, 1t=1,000kg=1,000,000g이 된다.

정답 1. ⑤ 2. 부피가 가장 큰 것:뻥튀기1kg, 부피가 가장 작은 것:쇠 1kg

"오, 너는 이것을 이해할 수 있단 말이냐?"

"네. 원의 둘레를 구하기 위해 그리신 것 같아요. 원의 둘레가 안과 밖의 도형 둘레의 중간쯤이라고 보고 찾아내는 거죠."

"제법이구나. 내가 이런 방법으로 구해 보니 원의 둘레는 항상 지름의 3.14배였어. 원은 늘 모양이 똑같으니까 원의 둘레가 지름의 몇 배인지를 알아낸다면, 원의 둘레를 직접 재지 않고도 구할 수 있는 거지."

아르키메데스가 친절하게 대답해 주었다. 세라가 듣고 있다가 말을 덧붙였다.

"네, 그렇다면 같은 속도로 재민이가 동그란 원을 한 바퀴 돌고, 찬혁이가 지름을 왔다 갔다 왔다 세 번 한다면 찬혁이가 이기게 되겠네요. 3.14 대 3이 되니까."

아르키메데스는 아이들의 지식이 꽤 깊이가 있다는 것을 알고 아이들에게 점점 호기심이 생겼다. 그는 문득 어릴 적 스승에게 들었던 말이 떠올랐다.

"무게의 비밀을 찾아라. 천문이 열리고 길을 잃어버린 자에게 도움을 줄 것이다."

'혹시 이 아이들이 천문을 찾는 길을 잃어버린 자?'

미래에서 왔다고 하는 아이들의 말을 들었을 때 전혀 믿지 않았지만, 아르키메데스는 점점 생각이 많아졌다.

원주율(π) 알아보기

1. **원주율(π)**
   지름에 대한 원주(원의 둘레)의 비로 원은 크기와 관계없이 모양은 늘 같으므로 원주가 지름의 몇 배인지를 구하면 원주율을 알 수 있다.

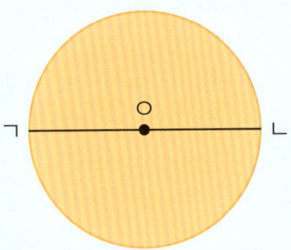

지름×원주율(π)=원주, 원주율(π)=원주÷지름

π= 3.14159265358979…(아직도 끝을 모름)			
일의 자리	소수 첫째 자리	소수 둘째 자리	분수
3	3.1	3.14	$\frac{22}{7}$

2. **파이(π)와 관련된 재미있는 이야기**
   - 손으로 가장 긴 원주율을 계산해 낸 사람
     영국의 수학자 샹크스(1812-1882)가 소수점 이하 707자리까지 계산했다. (나중에 확인해 보니 소수점 이하 528자리까지만 맞았다고 해요.)
   - 최근에는 소수점 이하 22조 4591억 자리 이상의 원주율까지 계산했다. (계속 기록 경신 중)
   - 가장 많이 외운 사람
     중국인 차오루, 소수점 6만 7860자리까지 외웠다. (기네스 신기록)
   - 3월 14일을 파이(π) 데이로 기념한다.

아이들은 아르키메데스 집에서 한결 편안한 마음으로 하룻밤을 묵었다. 그리고 아침에 일어나 마을을 구경하고자 청을 했다. 아르키메데스는 종이에 무언가를 쓴 후 마을 사람들에게 보여 주라고 했고, 하인을 시켜 세탁한 옷도 가져다주었다. 아이들은 아르키메데스의 따뜻한 마음을 느끼며 밖으로 나왔다.

바닷가에서 조금 올라가자 사람들이 사는 마을이 보였다. 마을 사람들은 거울을 만드느라 몹시 바빠 보였다. 온 마을이 로마군과의 전투에 관심이 집중된 듯했다.

"이게 마을의 끝인 것 같아."

한참을 올라가다 다시 돌아가려던 참이었다.

"너희가 다른 땅에서 왔다는 아이들이로구나."

한 남자가 다가와 말을 걸었다. 아이들은 소리를 따라 뒤돌아보았다. 부드럽고 착해 보이는 인상이었다.

"길을 잃어버렸다고 하던데, 정말 힘들겠구나. 엄마 아빠도 보고 싶을 테고……."

"네."

찬혁이가 머뭇머뭇 말했다.

"이런, 어떡하니? 나도 너희만 한 자식들이 있어서 남의 일 같지가 않구나. 그러지 말고 아저씨 집으로 가자꾸나. 일단 무엇이라도 좀 먹어야 하지 않겠니?"

마침 목도 마르고 배도 고프던 참이라 서로 눈치를 보다 따라가 보기로 했다. 마을에서 조금 떨어진 언덕 위로 올라가자 큰 집이 나타났다. 대문을 열고 들어서자 마당도 꽤 넓고 큰 건물이 여러 채 보였다. 여러 하인이 허리를 굽혀 인사를 했다.

'꽤 잘사는 사람인 것 같아.'

찬혁이는 생각했다.

"시원한 차 좀 내오게. 귀한 손님들이 오셨네."

그의 이름은 안티무스였다. 그는 매우 친절했다. 그의 호의에 아이들은 자신들이 겪은 일에 대해서 모조리 이야기했다. 과학관에 간 후 마법 택시를 타게 된 일, 그리고 이곳에 오기까지에 대한 내용이었다.

안티무스는 아이들을 데리고 집을 구경시켜 주겠다며 밖으로 나갔다. 마당 한쪽에서는 돌을 깎는 작업이 한창이었다. 가로, 세로, 높이가 1m가량 됨직한 큰 돌들이 정육면체 모양으로 곳곳에 쌓여 있었다. 안티무스 자신을 상징하는 조형물을 만드는 것이라고 했다.

"아주 수고가 많구먼."

안티무스가 일하고 있는 인부들을 격려하며 등을 두들겼다. 그의 얼굴에는 뿌듯해하는 모습이 표정으로 드러났다. 맨 앞에 안티무스님의 동상이라는 팻말이 쓰여 있었다.

"저런 돌을 어떻게 자르죠? 일일이 자르려면 굉장히 힘들겠어요."

재민이는 커다란 돌을 보며 궁금한 생각이 들었다.

"아, 쉽게 자르는 방법이 있지. 커다란 돌에 뾰족한 정으로 구멍을 뚫고 꽉 끼는 나무를 그곳에 집어넣는 거야. 그리고는 물을 부어. 그럼 나무가 물에 불면서 돌에 금이 가거나 쉽게 쪼갤 수 있게 되는 거지."

안티무스가 설명을 했다.

"아!"

아이들은 고개를 끄덕였다.

"겨울에는 물을 넣어서 얼도록 하지. 그럼 물이 얼면서 부피가 팽창하기 때문에 그 힘으로 돌을 쉽게 쪼갤 수 있게 된단다."

그의 말에 과학적 원리가 담겨 있었다. 물은 액체, 고체, 기체로 존재하는데, 액체에서 고체로 될 때 무게는 똑같지만 부피는 커지게 되는 현상을 이용한 것이었다. 현대에는 각종 장비나 기계를 이용해서 돌을 잘라내지만, 옛날 사람들은 자연 속에서 과학의 원리를 지혜롭게 활용하고 있었다.

물 알아보기

싸매고 수업 속으로 퐁당!

1. 지구는 물의 행성, 물은 지구상에서 세 가지 형태로 존재한다.

구분	상태	특징
얼음	고체	모양과 부피가 일정하다. (높은 산, 극지방 등에 눈과 얼음으로 존재)
물	액체	모양은 일정하지 않지만, 부피는 일정하다. (바다, 강과 호수, 저수지, 동물의 몸속, 식물 속에 존재)
수증기	기체	모양과 부피가 일정하지 않다. (눈에 보이지 않지만, 공기 중에 존재)

※ 물은 주변 환경에 따라 상태와 모습이 달라짐.

2. 물과 얼음

상태	무게	부피
물이 얼 때 (액체→고체)	변화 없음	부피가 늘어남 (겨울에 장독이 깨짐)
얼음이 녹을 때 (고체→액체)	변화 없음	부피가 줄어듦

3. 물과 수증기
   ① 물의 증발 : 물(액체)이 수증기(기체)로 변하는 현상
      예) 젖은 빨래를 말릴 때, 땀을 말릴 때, 고추를 말릴 때
   ② 물의 응결 : 공기 중의 수증기가 냉각되어 물이 만들어지는 현상
      예) 이른 아침 거미줄에 맺힌 이슬, 추운 겨울 안경에 서린 김

인부 한 사람이 나와 안티무스에게 무언가를 설명했다. 안티무스가 인부의 말을 경청하며 한번씩 돌을 만져 보고 두 손으로 밀어 보기도 했다. 두 사람의 대화가 길어졌다.

"저 쌓인 돌의 부피는 얼마나 될까?"

찬혁이가 안티무스를 기다리며 말했다. 작업 중인 정육면체의 돌 8개가 옆과 위로 쌓여 있었다.

세라가 알아듣기 쉽게 설명했다.

"그럼 겉넓이는 뭐야? 둘레, 넓이, 부피, 들이 너무 복잡해."

"과자 상자가 있다면 상자가 차지하는 덩어리는 부피가 되고, 종이를 잘랐을 때 여섯 면의 넓이는 겉넓이. 음, 나머진 나도 잘 모르겠다."

세라가 머리를 긁적였다. 듣고 있던 재민이가 씨익 웃더니 설명을 시작했다.

"이런 성안에 비밀창고를 만든다고 해 봐. 비밀창고를 세우려면 먼저 공사하는 곳에 낯선 사람이 들어오지 못하게 울타리부터 쳐야 할 거야. 그러려면 둘레를 알아야겠지. 모양이 사각형이라면 가로와 세로의 길이를 더하면 될 거야."

"응, 둘레는 길이를 말하는 거니까."

"맞아. 그다음 바닥을 평평하게 해야겠지. 비밀창고를 세우도록 울퉁불퉁한 바닥 면을 반듯이 하여 타일을 깔려고 하면 바닥 면의 가로×세로, 곧 넓이를 알아야 하는 거야."

듣고 있던 아이들은 고개를 끄덕였다.

"그 비밀창고가 성안에서 차지하는 입체 공간을 알려면 바닥의 넓이에 높이를 곱해 주면 부피를 구할 수 있어. 높이가 커질수록 당연히 건물의 부피는 커지게 될 거야."

계속해서 재민이의 설명이 이어졌다.

"그 비밀창고 겉면에 페인트를 칠하려면 창고의 겉넓이를 알아야 해. 밑면, 옆면 등의 넓이를 계산해서 각각을 더해야겠지. 바깥에 나타나는 여러 면의 넓이를 합한다고 생각하면 돼."

"그럼 들이는 뭐야?"

"들이는 만약 그 비밀창고 안을 어떤 액체로 채운다고 할 때 사용될 거야. 비밀창고 안쪽 공간의 부피라 할 수 있지."

재민이의 설명에 아이들이 놀라자 재민이가 쑥스러워했다. 언제 왔는지 안티무스도 놀라워하며 아이들의 설명을 듣고 있었다. 그의 눈빛은 여전히 반짝거렸다.

둘레와 넓이 그리고 겉넓이와 부피 알아보기

1. 평면도형의 둘레와 넓이

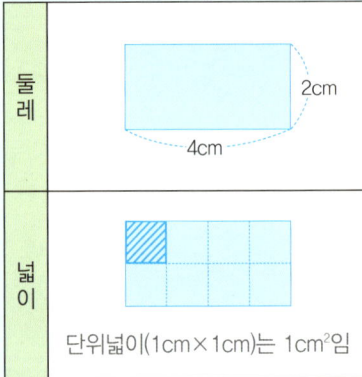

둘레	(그림: 가로 4cm, 세로 2cm 직사각형)	① 가로+세로+가로+세로
		   ↳ 4+2+4+2=12cm
		② (가로+세로)×2
		   ↳ (4+2)×2=12cm

넓이	단위넓이(1cm×1cm)는 1cm²임	① 단위넓이 1cm²가 8개이므로 8cm² ② 4×2=8cm²

2. 입체도형의 겉넓이와 부피

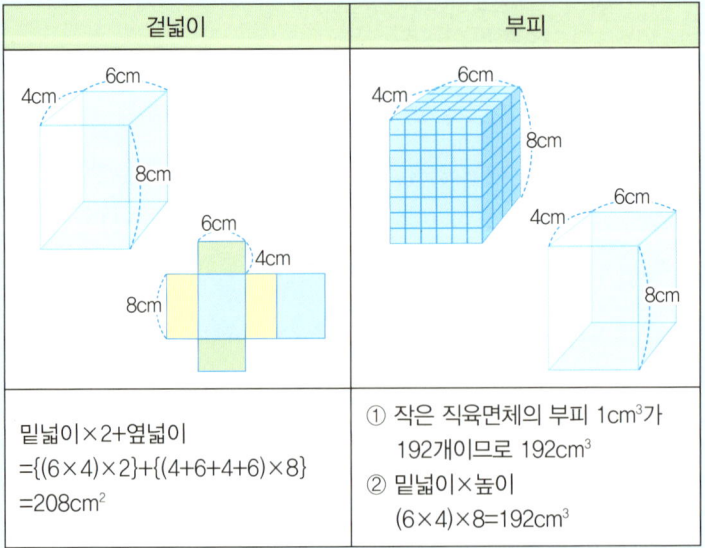

겉넓이	부피
밑넓이×2+옆넓이 ={(6×4)×2}+{(4+6+4+6)×8} =208cm²	① 작은 직육면체의 부피 1cm³가 192개이므로 192cm³ ② 밑넓이×높이 (6×4)×8=192cm³

안티무스는 나가는 길에 배고플 때 먹으라며 음식까지 싸 주었다. 집 밖으로 나온 아이들은 미처 가보지 못한 마을의 구석구석을 다녔다. 간혹 사람들이 의심스러운 눈길을 보낼 때는 아르키메데스가 적어준 종이를 보여 주면 무사통과할 수 있었다. 아르키메데스는 마을 사람들의 정신적 지주로 마을 사람들에게 칭송받는 사람이었다.

"녀석들은?"
"집에서 나간 후 특별한 일은 없었습니다."
"그래? 그냥 돌아다니기만 했어? 신기한 일이나 물건 같은 것은 없고?"

누군가 의자에 앉아서 부하의 보고를 들으며 날카로운 눈빛으로 고개를 끄덕인다. 그는 집을 나온 아이들에게 미행을 붙였던 안티무스였다.

"네. 그런 것은 없었습니다. 밖을 돌아다니다가 바로 아르키메네스 집으로 들어간 것을 확인했습니다."
"왜 처음부터 이곳으로 오지 않고, 아르키메데스 집으로 들어간 거야? 재수도 없군."

안티무스의 얼굴은 아이들을 대할 때와는 180도 달라져 있었다.

"뭐 금방 잡아 올 수 있지 않겠습니까? 아무 걱정마십시오. 이제 얼마 남지 않았습니다."
"그렇지. 이제 아르키메데스의 시대도 저물지 않겠어?"

"물론입니다, 주인님. 아르키메데스 밑에서 나온 것은 천부당만부당 잘하신 것입니다. 그 사람 밑에 있었으면 지금의 주인님이 계시겠습니까? 이번 거사만 제대로 되면 이제 곧 이곳은 주인님의 세상이 될 것입니다."

사실 안티무스는 젊은 시절 아르키메데스 밑에서 공부하던 제자였다. 하지만 청렴한 아르키메데스 밑에서는 돈을 많이 벌 수 없을 것 같아서 적당한 핑계를 대고 나와 오랜 기간 장사를 하며 많은 돈을 벌었다. 안티무스는 그 재력을 바탕으로 자신을 따르는 독자 세력까지 만들게 되었다.

부하의 말은 안티무스의 기분을 좋게 했다. 그는 얼굴에 미소를 띠며 고개를 끄덕이더니 다른 쪽으로 얼굴을 돌렸다.

"재로니스, 그나저나 네 말대로 미래에서 온 것 같더군. 아이들 지식이 보통이 아니었어. 그게 정말이라면 엄청난 일 아니겠나? 돈도 굉장히 많이 벌 수도 있겠지."

"물론입니다. 제가 어디라고 거짓을 고하겠습니까? 그래서 제가 주인님께만 살짝 알려드린 것 아니겠습니까? 하늘이 주인님께 준 기회가 될 것입니다."

"에이, 그냥 바로 잡아서 가둬 버릴 걸 그랬나?"

"안 됩니다. 오늘은 그냥 보내 주는 게 나았습니다. 왜냐하면, 작은 일로 인해 큰일을 그르칠 수도 있습니다. 로마군의 거사일도 당겨졌다고 하지 않으셨습니까?"

옆에 있던 다른 부하가 말했다.

"그런데 내일 자정은 확실한 거야?"

안티무스는 목소리를 갑자기 낮추었다.

"네, 첩보가 샌 것 같아서 날짜를 바꿔 내일 밤 바로 실행에 옮기게 되었다고 합니다. 그때 아이들은 차분히 가서 잡아 버리시죠. 아르키메데스 쪽도 부시할 수 없습니다."

"아르키메데스는 이제 내 상대가 아니지?"

안티무스가 고개를 한 바퀴 돌리며 허세를 부렸다.

"물론 그렇습니다만, 최대한 준비하여 확실한 성공을 하심이 좋을 것 같습니다."

"그래 좋다. 아무튼, 내일 밤이면 나의 세상이 되는군. 미래에서 온 놈들도 잡을 테고 말이야. 그놈들을 이용해서 돈도 벌고, 로마를 통해 권력까지 모두 내 손아귀로 들어오겠지……."

그렇지 않나?"

안티무스가 재로니스를 쳐다보았다.

"물론입니다. 주인님은 그냥 가만히 계시면서 앞으로 어떻게 돈과 권력을 쓰실지 생각만 하시면 됩니다."

"나를 싫어했던 놈들부터 모조리 잡아들여야지, 흐흐흐. 내일이군. 이젠 나의 세상이 오는 거야, 음하하."

안티무스는 커다란 소리로 목젖이 보이게 웃었다. 그 모습을 보며 옆에 있던 부하들도 모두 같이 소리 내어 웃었다. 며칠 전 새로 합류한 재로니스가 고개를 숙이자 옷 사이로 Z모양의 가슴 털이 보였다.

공부에 도움이 되는 수학·과학 톺아보기

★톺아보기란?
'자세히 살펴보다'라는 뜻의 순우리말입니다.

1. 원은 크기가 다르더라도 모양은 모두 같다. 이를 통해 수학자들은 지름과 원의 둘레의 관계를 연구하여 원주율을 알아내게 되었다. 원주율의 값을 소수 둘째 자리까지 구하세요.

2. 원주율은 무엇을 의미할까요?
   ① 원의 크기
   ② 원의 둘레의 길이
   ③ 원의 지름과 둘레의 일정한 비율
   ④ 원주라는 이름의 아이가 잘 먹는 율무차
   ⑤ 원의 넓이가 얼마가 큰 것인지 설명하는 방법

3. 부피와 무게의 관계이다. 표를 바르게 연결하세요.

부피
물 1cm³
물 1,000cm³
물 1,000,000cm³

무게
물 1kg
물 1g
물 1t

4. 액체 상태의 물이 추워지면 고체 상태의 얼음이 된다. 물이 얼음이 될 때 부피와 무게는 어떻게 되는지 ○표하세요.

   부피는 (늘어나고   줄어들고   그대로이고),
   무게는 (늘어난다   줄어든다   그대로이다).

첫 번째 문제를 만나다

안티무스 집에서 나온 아이들은 오후에 집으로 돌아와 해변에서 놀고 있었다. 시원한 바람이 바다에서 불어왔다.

"낮이라 역시 해풍이 부는구나."

"응? 그럼 밤에는 다른 바람이 불어?"

바닷가에서 바람이 부는 원리에 대해 몰랐던 찬혁이가 궁금해했다.

"밤에는 육풍, 땅은 낮엔 더 빨리 데워지고 밤엔 더 빨리 식어. 더워진 공기는 위로 올라가고 그 빈 곳을 차가운 공기가 채우게 되는데, 그런 원리로 낮에는 해풍이 불고 밤에는 육풍이

바람 알아보기

1. **하루 동안의 지면과 수면의 온도 변화**

   지면은 수면보다 빨리 데워지고 빨리 식지만, 수면은 지면보다 천천히 데워지고 천천히 식는다.

   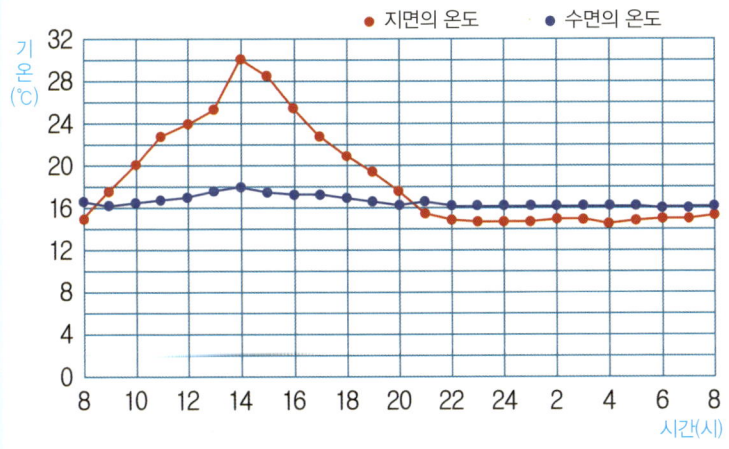

2. **바닷가에서 바람이 부는 방향**

낮	낮에는 육지가 더 뜨거우므로 바다에서 육지 쪽으로 해풍이 분다.
밤	밤에는 바다가 더 뜨거우므로 육지에서 바다 쪽으로 육풍이 분다.

   ※ 뜨거운 공기가 위로 올라가서 그곳을 채우기 위해 바람이 불게 되고, 바람의 이름은 불어오는 쪽의 방향을 붙인다.

부는 거야."

재민이가 원리를 말해 주었다.

"그런데 바람은 일반적으로 기압 차에 의한 것이라고 많이 설명해. 지금 재민이가 말한 것도 사실은 기압과도 관련이 있어."

옆에서 듣고 있던 세라도 거들었다.

"기압? 그럼 공기도 압력이 있다는 거야?"

이번에는 동진이가 고개를 갸우뚱했다.

"물론이야. 공기는 무게가 있고 무게가 있으니 누르는 힘인 압력이 존재해. 그 압력이 주변보다 높으면 고기압, 주변보다 낮으면 저기압이라고 하지. 고기압은 압력이 높으니까 자신보다 상대적으로 압력이 낮은 주변의 저기압 쪽으로 움직이려 하게 되는데, 그 공기의 이동을 바람이라고 하는 거야."

"조금 더 말하자면 저기압에서는 그렇게 서로 들어오는 바람들이 모여 상승해서 올라가게 되고(상승기류), 고기압에서는 빠져나간 공기를 채우기 위해 위에서부터 아래로 공기가 내려와(하강기류)."

세라가 동진이에게 자세하게 알려줬다. 세라는 요즘 과학에 흥미가 많이 생겨 책을 많이 읽고 있었다.

"아, 바람이 어떤 원리에 의해서 부는지 알게 되었어. 그리고 공기도 압력이 있고 기압의 차이가 있다는 것을 알게 되었고 이제 날씨 뉴스를 봐도 이해할 수 있을 것 같아."

과학을 어려워하는 동진이는 세라의 설명이 이해하기가 쉬웠다. 새롭게 알게 된 많은 사실에 기분이 좋았다.

기압 그리고 바람과 날씨 알아보기

싸매고 수업 속으로 퐁당!

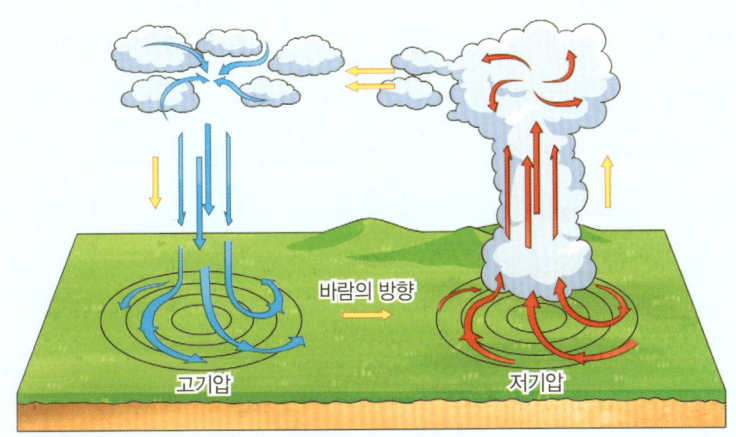

1. **공기의 무게와 기압**

   공기는 무게를 가지고 있고 이런 무게로 인해 누르는 힘. 즉 기압을 갖는다.
   (공기를 넣은 풍선이 그냥 풍선보다 더 무겁다.)

2. **기압과 바람**
   - 고기압 : 기압이 주변보다 높은 곳
   - 저기압 : 기압이 수변보다 낮은 곳
   - 바람은 고기압에서 저기압으로 불게 된다.

3. **우리나라의 계절별 날씨**

계절	날씨의 특징
봄	서쪽 육지에서 오는 공기 덩어리의 영향으로 따뜻하고 건조하다.
여름	남쪽 바다에서 오는 공기 덩어리의 영향으로 덥고 습하다.
가을	서쪽 육지에서 오는 공기 덩어리의 영향으로 맑고 건조하다.
겨울	북쪽 육지에서 오는 공기 덩어리의 영향으로 춥고 건조하다.

한쪽에서 아이들을 바라보던 아르키메데스는 그들의 이야기를 조용히 모두 듣고 있었다. 계속 느끼는 바였지만 아이들의 지식이 예사롭지 않았다. 재민이의 주머니 속에 있는 카드에 대해서도 신경이 많이 쓰였다. 재민이가 옷을 벗으며 떨어뜨린 걸 우연히 보았던 그였다.

아르키메데스는 여러 생각을 하다 며칠 전부터 나타난 이상한 그림자에 대해 아이들에게 말하기로 했다.

그날 저녁, 바닷가에서 찬란했던 해가 떨어졌다.

"모두 나와 보아라."

아르키메데스의 말에 아이들이 밖으로 나왔다. 해가 금세 저물며 하늘에는 초승달이 떠 있는 게 보였다.

"너희가 가지고 있던 그 카드를 우연히 보았다."

"네?"

"카드에 특이한 그림이 그려져 있더구나. 사실 요즘 이상한 일이 있었단다."

머뭇거리는 아이들을 보며 아르키메데스가 나직하게 계속 말을 이어갔다.

"그제부터 초승달이 떴는데, 달빛이 비친 바위 위에 어떤 그림자가 나타났다. 망토를 입은 사람 모양의 그림인데, 계속 있다가는 아침에 해가 뜨면서 사라졌지. 그게 너희가 가지고 있는 그 카드의 모습과 참 비슷해."

아이들은 깜짝 놀랐다. 그저께라면 아이들이 택시를 탔던 바로 그 시간이었다. 그리고 망토를 입은 사람의 모양은 바로 마법사일 수도 있었다. 놀라는 아이들을 보며 아르키메데스가 어딘가로 향했다. 평평하고 넓게 펼쳐진 바위가 보였다.

"이 바위 위에서 지레에 대해 여러 실험을 하고 있었는데, 갑자기 그림자가 보이기 시작했다."

"저 혹시 어떤 문제 같은 것은 없었나요? 사실 저희가 마법의 문제를 찾아 답을 알아내야 해서……."

재민이가 조심스럽게 물었다. 아르키메데스는 그 말에 대답은 하지 않은 채 조용히 손을 넣어 더듬더듬 바위 밑에서 무언가를 꺼냈다.

"지레, 내가 요즘 깊이 연구하고 있는 것인데, 그 원리를 알기 위해 힘이 평형이 되는 원리를 알아야 하지. 그래서 이 실험 도구를 만들었단다."

저울과도 같이 생긴 물체였다.

"힘이 평형이 되는 원리요?"

"그래, 만약 몸무게가 다른 두 사람이 시소를 타려면 어떻게 해야 중심이 맞을까?"

"큰 아이가 앞쪽으로 타고, 작은 아이가 뒤로 타야만 평형이 맞아요."

"그렇지, 바로 그거야. 무거운 것일수록 중심으로 가까이 와야 하고, 가벼운 것일수록 뒤로 가야 중심이 맞지. 저울로 정확히 실험하면 매달린 무게와 거리를 곱했을 때 수평이 되게 된단다."

"무게와 거리의 곱이요?"

 "그렇지. 왼쪽에 4kg의 물체를 달고, 오른쪽에 2kg의 물체를 달아 수평을 맞추려면 4kg×3m=2kg×6m 해서 곱한 값을 같게 해 주면 되는 거야. 무게에 따라 거리를 다르게 하는 거지."

 아이들이 고개를 끄덕였다. 아르키메데스는 아이들을 보며 뒤쪽을 손으로 가리켰다.

 "자, 이게 너희가 궁금해하는 내가 이곳에 적어 놓은 문제이다."

 아르키메데스가 가리킨 곳에 그가 연구하며 적어 놓은 문제가 있었다. 이게 바로 그들이 찾던 마법의 문제일 수도 있었다.

수평의 원리 알아보기

1. 수평 잡기의 원리

수평 : 어느 쪽으로도 기울어지지 않고 평형을 이루고 있는 상태
① 물체의 무게가 같은 경우 : 받침점으로부터 같은 거리에 두어야 함.
② 물체의 무게가 다른 경우 : 무거운 물체를 받침점에 더 가까이 두어야 함.

무게가 같은 물체의 수평 잡기

무게가 다른 물체의 수평 잡기

2. 저울

① 저울 : 물체의 무게를 쉽고 정확하게 잴 수 있도록 하는 도구
② 저울의 발전 : 초기 수평 잡기 원리를 이용한 저울에서 용수철저울, 전자저울 등으로 발전함.

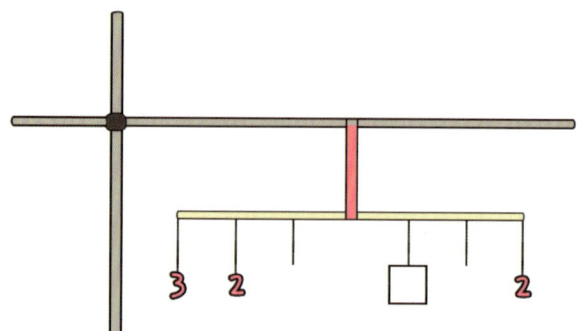

"그렇다면 양쪽에 무게가 다른 물체를 여러 개 매달면 어떻게 될까? 그때 수평을 만드는 정확한 방법은 무엇이 되겠느냐?"

아이들은 골똘히 생각에 잠겼다. 잠시 후 재민이가 말했다.

"선생님 말씀처럼 '무게×거리'로 계산을 하여 정리를 해 보면 될 것 같아요. 그러니까 모르는 수를 □로 놓고 등식을 만드는 거죠. (3×3)+(2×2)=(□×1)+(2×3)이라는 식이 되겠죠."

수학 시간에 배웠던 방정식을 활용한 식 만들기였다. 아르키메데스가 조용히 고개를 끄덕였다.

"계속해서 계산한다면?"

옆에서 다른 아이들도 식을 보고 같이 풀어나갔다.

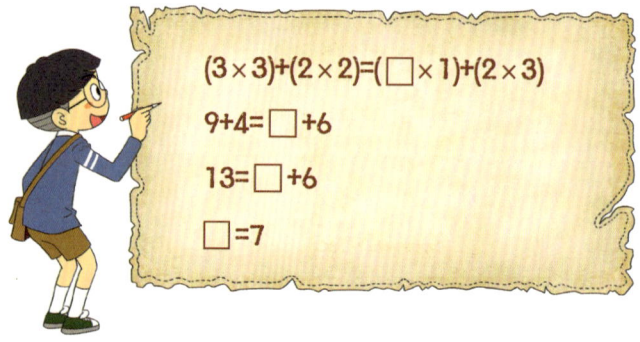

"답은 7이에요."

"그래, 내 생각도 그렇다. 무게와 거리의 곱을 활용한다면 아주 정교하고 놀라운 물건도 만들 수 있게 되겠지. 그것은 지레를 이용한 각종 도구에 다양하게 활용할 수 있단다."

"답이 7이 정확한 거죠? 그럼……."

찬혁이가 잠시 망설이더니 돌멩이를 들어 그곳에 커다랗게 7이라고 답을 썼다. 그리고 재민이에게 무언가 눈짓을 보냈다. 재민이는 잠깐 아르키메데스의 눈치를 보며 카드를 꺼냈고, 찬혁이가 그것을 받아 망설임 없이 그림에 갖다 대자 마법 카드에 불빛이 환하게 반짝거렸다.

"우와."

아이들은 자신도 모르게 손뼉을 쳤다. 드라버의 말처럼 마법의 문제가 존재했다.

말없이 그 모습을 지켜보던 아르키메데스는 찬혁이에게 카드를 받아들고 한참을 바라보았다. 아이들을 처음 보았을 땐 허무맹랑한 녀석들이라 생각하고 아무런 반응도 하지 않았던 그였다. 그때 하인 하나가 아르키메데스에게 달려왔다. 귓속말로 무언가를 이야기하자, 아르키메데스는 몹시 놀라는 얼굴이 되었다.

"마법의 문제를 찾고 있다고 했었나? 내일 날이 밝으면 자세한 이야기를 하자꾸나."

아르키메데스는 카드를 다시 돌려주고 하인과 함께 서둘러 걸음을 옮겼다. 무언가 급한 일이 있는 듯싶었지만, 아이들은 묻지 못했다. 할 일이 없어진 아이들은 방에 들어가 일찍 누웠지만 쉽게 잠이 들지 않았다. 마법 카드가 작동하는 마법의 문제가 실제로 있다는 사실에 너무 떨렸다.

싸매고 수업 속으로 풍당!

여러 가지 수의 혼합 계산 알아보기

덧셈과 뺄셈, 곱셈과 나눗셈이 섞여 있는 계산을 할 때는

1 괄호가 있으면 먼저 계산한다.
　괄호는 소괄호( ), 중괄호{ }가 있는데 소괄호부터 계산해요.
　① $12÷2×3-4=14$
　② $12÷\{(2×3)-4\}=6$

2 ×, ÷는 +, -보다 먼저 계산한다.
　$7+2×6=19$
　(만약 더하기부터 계산하면 54라는 오답이 나옴.)

3 앞에서 뒤로 계산한다.
　$7-2+3=8$
　(만약 뒤부터 먼저 계산하면 2라는 오답이 나옴.)

※ 계산을 잘하기 위해선 많은 계산을 통해 실수를 최소화하며 빠르고 정확하게 푸는 연습을 충분히 하여야 한다.

그날 밤, 자정을 기해서 로마군의 기습적인 침투가 시작되었다. 대규모 병력이 아닌 소규모 병력으로 작은 배를 타고 해안가에 상륙했다. 그들이 맨 처음으로 간 곳은 마을의 정신적 지

주이자 어른이었던 바닷가 아르키메데스의 집이었다. 아르키메데스만 잡으면 작전이 성공할 수 있다는 계산이었다.

몇 시간 전 하인으로부터 공격이 예상된다는 심상치 않은 첩보를 보고받은 아르키메데스였지만 뾰족한 방법이 없었다. 하인 몇이 저항했지만 허무하게 죽어 나갔다. 상황이 심상치 않음을 파악한 그는 별채에서 이제 막 잠이 든 아이들을 깨웠다.

"애들아! 빨리 연투스성으로 피해라. 그리고 우리가 위험에 처해 있다고 알려라, 어서."

다급한 아르키메데스의 목소리에 아이들은 깜짝 놀라 눈을 떴다. 하인 하나가 아이들을 인도하였고, 가까스로 집을 빠져나가 말을 타고 연투스성으로 향했다. 그곳은 연투스라는 성주가 다스리고 있는 마법성으로 불리는 곳이었다.

한편 안티무스의 명령을 받은 재로니스와 안티무스의 부하들도 로마군의 침입에 맞추어 아르키메데스의 집으로 향했다. 하지만 이미 아이들이 빠져나간 뒤였다. 아르키메데스는 아무런 말도 하지 않고 입을 굳게 다물었지만, 재로니스는 아르키메데스의 하인을 협박하여 아이들이 연투스성으로 급히 피한 것을 알게 되었고, 그 사실은 곧바로 안티무스에게 보고되었다.

"연투스성이면 우리가 쉽게 공격할 수 없지 않느냐? 무슨 좋은 방법이 없겠느냐?"

안티무스가 발을 동동 굴렀다. 다 잡았다고 생각한 미래의 아이들을 놓친 게 스스로 한심하고 분했다.

"주인님, 미래에서 온 아이들이 마법의 문제를 찾고 있다고 알고 있습니다. 그렇다면…….”

재로니스가 안티무스에게 귓속말로 무언가를 이야기했다. 그 말을 들은 안티무스의 눈이 반짝거렸다.

“네가 그곳에 그게 있다는 것을 어찌 알고 있었느냐?”

“아직 놀라기는 이르십니다. 저는 더 놀라운 것을 알고 있고, 주인님을 위해서라면 더 많은 것들을 할 수도 있습죠. 흐흐흐.”

재로니스가 나직한 목소리로 웃었다.

“좋다, 네 말대로 하자. 이곳은 로마군 대장에게 잠깐 맡기고, 날이 밝으면 내가 직접 갈 것이다. 너는 나를 옆에서 수행하도록 하라.”

안티무스는 새로운 부하 재로니스를 완전히 신뢰하기 시작했다. 제일 먼저 미래에서 온 아이들을 알려준 것도 재로니스였다. 꽤 많은 돈을 들고 와 맡기며 자신을 거두어 달라고 했을 때 약간 의심의 눈초리로 보았던 재로니스를 이제는 자신의 심복으로 삼기에 이르렀다.

“재로니스가 고생이 많구나. 생각보다 머리가 잘 돌아가는 것 같군.”

노인과 난쟁이가 구슬에서 보이는 광경을 보며 웃었다. 커다랗고 동그란 구슬에는 고양이였던 재로니스가 사람으로 변신해서 안티무스를 잘 꼬드기고 있었다.

“주인님께서 역시 애지중지 키우신 보람이 있습니다.”

난쟁이가 노인에게 손을 모아 아부를 떨었다.

"그래, 생각했던 것보다 훨씬 믿음직해. 너보다 더 나은 것 같구나."

"에고, 그렇습니까? 주인님."

"농담이다. 흐흐흐, 아무튼 일이 잘 풀릴 것 같구나. 재로니스를 믿고 난 계속 하던 일을 해야겠다."

그러더니 땅에 여러 숫자를 쓰고 지우기를 반복했다. 한참을 집중하며 무언가를 생각하는 듯했다. 그 옆에서 난쟁이가 노인의 눈치를 보다 물었다.

"근데 주인님, 지금 쓰신 숫자가 무엇이란 말입니까?"

"난 지금 특별한 마법의 숫자를 찾고 있다."

"특별한 마법의 숫자라고요?"

"그렇다. 내가 요즘 아주 신기한 것을 발견했지. 너에게 설명한다고 해서 알기나 하겠느냐?"

노인은 거드름을 피운 후 천천히 숫자를 나열하기 시작했다.

"자, 2, 3, 5, 7, 11, 13, 17, 19, 23, 29, 31. 이 수의 공통점이 무엇이라고 보느냐?"

'홀수가 많긴 한데 2가 있으니까 홀수는 아닌 것 같고, 그렇다고 2씩 건너뛰는 수도 아니고······.'

난쟁이가 고개를 갸웃거렸다. 나름 노인 밑에서 오랫동안 같이 있으며 수에 대해 많은 것을 들어왔던 그였다. 하지만 조금 어려웠다.

"모르겠습니다, 주인님. 주인님의 앎의 경지는 제가 도저히 따라갈 수 없는 수준입니다."

난쟁이가 고개를 숙였다. 난쟁이는 노인의 기분을 좋게 하는 방법을 잘 알고 있었다. 노인은 마법사로 그의 이름은 호닉스였다.

"흐흐흐. 이것은 1과 자기 자신 말고는 어떠한 약수도 없는 소수라는 것이다."

"소수라면 0.1, 0.2 이런 것을 소수라고 하지 않습니까?"

"제법이구나. 하지만 이 소수는 훨씬 심오한 것이지. 1외에는 어떠한 수로도 나누어지지 않는 수, 1과 자기 자신 이외에는 약수가 없는 것이지."

"약수가 없다면 그 수를 나누기 어렵다는 것입니까? 그렇다면 소수끼리는 공약수나 최대공약수도 없다는 것입니까?"

"그렇다. 어떤 두 수의 공약수라고 한다면 공통된 약수를 말하는 것 아니겠느냐? 1과 자기 자신만이 약수인데 당연히 없을 수밖에……."

"몇 가지만 예를 들어 알려주십시오. 호닉스님의 가르침을 받고 싶습니다."

난쟁이가 머리를 조아렸다.

"흐흐흐. 좋다. 예를 들자면 이런 것이다. 20의 약수는 1, 2, 4, 5, 10, 20이다. 또 30은 1, 2, 3, 5, 6, 10, 30이 약수가 된다. 이 정도는 알고 있느냐?"

"네, 호닉스님. 훌륭하신 가르침 덕분에 배웠습니다."

"좋다. 그럼 20과 30의 공약수는 1, 2, 5, 10이 되겠지. 또 최대공약수는 10이 될 것이고……."

 "그렇습니다. 그때 말씀해 주시길 약수를 거꾸로 하면 배수도 만들 수 있다고 하셨습니다. 20의 약수가 2, 4, 5, 10이라면 2, 4, 5, 10의 배수는 20이 꼭 되어야 한다고 하셨습죠."

 "오! 그것을 기억하다니 제법이구나, 난쟁이."

 호닉스가 난쟁이의 머리를 쓰다듬었다. 난쟁이는 호닉스의 손짓에 정말 기쁜 듯 몸을 배배 꼬았다.

 "하지만 7이나 31과 같은 소수는 약수가 1 이외에 자기 자신밖에 없다. 소수는 오직 자신만의 수로 유일한 한 개(only one)라고 말할 수 있지. 어느 수의 곱셈으로도 쪼개어지지 않는 유일한 수라는 말이다."

"오, 그럼 약수의 개수는 숫자의 크기와 관계없다는 것 아닙니까?"

"그렇다. 다들 착각하기 쉽지만 아무런 관련도 없다."

호닉스의 목소리가 신이 난 듯 커졌다.

"사람들은 이 소수를 찾는 방법을 지금까지 찾고 있다. 하지만 정확한 방법을 아무도 찾지 못하였지. 그래서 난 지금 이런 소수 중에서 엄청나게 큰 수를 찾아 소수인지 아닌지 헷갈리게 만드는 '헷갈림 마법'을 걸 생각이다."

아주 골치 아픈 문제를 만들어 이것을 풀지 못하게 해 상대방의 힘을 없애는 것으로 그가 종종 사용하는 방법이었다. 호닉스는 잠시 생각에 잠기다 난쟁이를 보았다.

"혹시 내가 지금 찾은 가장 큰 소수가 무엇인 줄 아느냐?"

"글쎄요. 저로서는 도저히……."

난쟁이가 또 머리를 조아렸다.

호닉스가 바닥에 천천히 손가락으로 글을 쓰기 시작했다.

'524287'

"자, 이것을 읽어 보아라."

"일, 십, 백, 천, 만, 십만 다섯 자리 수니까 오십이만사천이백팔십칠 아닙니까?"

"흐흐흐, 제법이구나. 맞다."

"그런데 이것이 정말 소수라는 말씀입니까? 다른 수로는 나누어지지 않는다고요?"

난쟁이는 깜짝 놀랐다.

약수와 배수 알아보기

1. 약수
어떤 수를 나누어떨어지게 하는 수를 그 수의 약수라고 한다.
예 8은 1, 2, 4, 8로 나누어떨어진다. 1, 2, 4, 8은 8의 약수이다.

2. 배수
어떤 수를 1배, 2배, 3배… 한 수를 그 수의 배수라고 한다.
예 3, 6, 9…는 3의 배수이다.

> 5의 1배는? 정답은 5,
> 1배는 항상 그대로
> 같은 수라는 것을
> 잊지 마세요.

3. 최대공약수와 최소공배수

공약수	공통으로 포함된 약수 24와 18의 공약수 : 1, 2, 3, 6
최대공약수	공약수 중 가장 큰 약수 24와 18의 최대공약수 : 6
공배수	공통으로 포함된 배수 3과 5의 공배수 : 15, 30, 45, 50, 65, 80…
최소공배수	수없이 많은 공배수 중 가장 작은 배수 3과 5의 최소공배수 : 15

※ 두 수의 최대공약수의 약수는 공약수가 되고, 두 수의 최소공배수의 배수가 공배수가 된다.

4. 약수와 배수의 관계
15=3×5라면 3과 5는 15의 약수이고, 15는 3과 5의 배수이다.

TIP. 간단하게 약수 찾는 방법

① 짝수(끝이 0, 2, 4, 6, 8로 끝나는 수)는 무조건 2로 나누어진다.
② 각 자릿수의 합이 3의 배수일 때 무조건 3으로 나누어진다.
　　45÷3=15(4+5=9이므로 45는 3의 배수)
　　1578÷3=526(1+5+7+8=21, 21은 3의 배수이므로 1578은 3의 배수)
③ 끝 자릿수가 5나 0일 때는 무조건 5로 나누어진다.
　　(15, 12830, 1749865처럼 수의 자릿수와 관계없이 구할 수 있음.)

"그렇다. 이것은 1과 자신 524287 말고는 어느 수로도 나누어지지 않는다."

호닉스가 자랑스러운 듯 고개를 끄덕였다.

"사람들이 이것을 어찌 풀 수 있단 말입니까? 이것은 도저히 풀 수가 없겠습니다."

"그렇지. 아무리 똑똑한 자라도 이 문제는 풀지 못하겠지. 그리고 그 문제를 풀며 엄청난 에너지를 소비하게 되겠지, 흐흐흐."

호닉스의 수 개념은 놀라운 것이었다. 하지만 나쁜 마음으로 이를 이용하려고 하는 것이 문제였다. 더욱 센 마법사가 되기 위해 수를 심도 있게 공부했다. 어려운 마법의 문제를 만들어 내려면 수에 대한 공부는 필수적인 것이었다.

공부에 도움이 되는 수학·과학 톺아보기

★톺아보기란?
'자세히 살펴보다'라는 뜻의 순우리말입니다.

1. 몸무게 30kg의 아들과 90kg의 아빠가 시소를 타서 평행을 유지하려면 어떻게 타야 할지 아들과 아빠가 앉는 곳을 표시해 보세요.

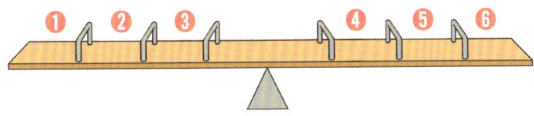

2. 다음 혼합 계산을 풀어 보세요.

   ❶ $(\frac{1}{2}+\frac{1}{3})\times 2+(\frac{5}{6}-\frac{1}{6})\times 6$

   ❷ $\frac{1}{5}\times 3+2\div 5$

3. 공기는 압력이 있고 이를 통해 고기압과 저기압이 생긴다. 이에 따라 바람이 부는 원리를 설명하세요.

4. 해풍과 육풍의 의미와 이 바람이 낮과 밤 중 언제 부는지 구별해 보세요.

5. 16, 40의 공약수와 최대공약수를 구하고, 공약수와 최대공약수의 관계를 설명해 보세요.

6. 5, 8의 공배수와 최소공배수를 구하고, 공배수와 최소공배수의 관계를 설명해 보세요.

7. 2, 3, 5, 7, 11, 13, 17… 등 소수가 가지는 공통의 성질은 무엇인가요?

마법성으로 달려라

　밤새 말을 달려 아이들은 산 너머에 있는 연투스성에 도달했다. 아르키메데스가 보낸 아이들이라고 하자 곧바로 성주에게 안내가 되었다.
　"주군, 아르키메데스님께서 로마군의 침입을 받았다고 합니다. 그리고 그곳에 있던 아이들입니다."
　성주는 잠을 자다 일어났는지 피곤해 보였다.
　"그래, 알겠다."
　짧고 간결한 말투가 딱딱했다. 성주는 일어나서 아이들에게 다가왔다. 몸에서 풍기는 위압감이 대단했다. 아이들은 긴장감으로 온몸에 힘이 바짝 들어가고 고개를 숙인 채 제대로 얼굴도 못 들었다. 성주는 아이들로부터 밤사이 있었던 일에 대해서 자세히 들었다.

"아르키메데스님은 어떻게 되었을까요?"

아르키메데스가 걱정된 찬혁이가 용기를 내 조심스럽게 입을 열었다.

"그것은 너희가 신경 쓸 일은 아닌 것 같은데, 성주인 내가 결정할 것이다."

"아, 네……."

왠지 모른 딱딱한 모습에 아이들은 주눅이 들었다. 성주는 곧바로 집사를 시켜 아이들에게 무언가를 지시하고 방으로 들어가 버렸다.

"우리가 뭘 잘못했나?"

아이들은 왠지 불안했다. 아이들이 씻고 나오자 아침이 준비되었다고 하였다. 식당으로 가는 길에는 여러 가지 마법성의 모습이 그려진 그림이 벽에 걸려 있었다. 성벽은 꽤 높고 으리으리했고, 높게 솟아오른 성곽이 철옹성과 같았다. 특히 뾰족한 원뿔 모양의 탑이 강렬해 보였다. 또한, 특별한 무늬의 마법사 얼굴을 한 정원과 기암괴석의 바위들이 곳곳에 널려 있었다.

"저기 봐. 이곳이 마법성이라고 쓰여 있어. 그리고 마법사 조각도 있었잖아."

찬혁이가 재민이를 보며 나직이 말했다. 소리를 듣고 집사가 아이들을 힐끗 보았다. 아이들은 아무 말 없이 오물오물 밥만

먹었다.

　마법사가 그려진 정원과 기암괴석들, 무언가 비밀이 있는 곳이 분명했지만 쉽게 말을 꺼내고 물어볼 수는 없었다. 집사가 없는 틈을 타서 찬혁이가 자신들을 도와주는 또래 하인에게 먹을 것을 주며 말을 걸었다. 그림 속 모습에 대해 살짝 물으니 주변을 경계하는 듯 둘러본 후 하인은 아이들에게 비밀스러운 이야기를 꺼내기 시작했다.

　"전임 성주님이 계실 때 마법성의 정원을 꾸몄어. 전임 성주님은 마법을 좋아하고 즐기셨던 분이거든. 사람들이 이곳을 마법성이라고 부를 정도로 전임 성주님의 마법은 대단했지만, 갑자기 돌아가셨지."

"그럼 지금 성주님이 원래 다스리시던 게 아닌 거야?"

그때 집사가 들어오자 하인은 말을 멈추고 황급히 자리를 벗어났다. 다행히 집사는 아이들이 주고받은 말을 눈치채지 못한 듯했다.

"저기 저, 집사님? 여기 이거요."

"이게 무엇이죠?"

"제가 마을 지도를 그린 거예요. 혹시 아르키메데스님 구출하는 데 도움이 될까 하고요."

동진이가 자신이 그린 마을지도를 내밀었다. 지도에는 아르키메데스의 마을 모습이 그려져 있었다. 산에서 길을 헤맬 때부터 내려가서 직접 걸어본 것들을 토대로 길과 집들 그리고 지형지물이 믿기지 않을 만큼 자세히 나와 있었다. 흠칫 놀란 집사는 알겠다며 바로 성주에게 보고하기 위해 성주의 방으로 달려갔다.

성주 연투스는 핵심 참모들을 소집했다. 사실 성주는 로마군과의 전쟁에 엮이지 않기를 바랐지만, 시칠리아가 로마에 점령을 당한다면 자신들의 안위에도 위협이 될 게 분명했다. 또한, 아르키메데스는 3년 전 돌아가신 아버지의 절친했던 친구이자 대부로 모시는 사람이었다. 협의 끝에 일단 아르키메데스부터 구출하기로 하였다.

모처에서 비밀리에 명령이 하달되었다. 지시는 굉장히 빠르게 내려졌고, 정예 무사 열 명은 동진이가 그린 지도를 가지고 곧바로 연투스 성주의 명을 받들어 출동했다. 말들은 바람처럼 앞으로 달려 흙먼지를 일으키며 순식간에 사라졌다.

아이들은 아침을 먹고 방에서 온종일 눈치를 보며 성안에 있었다. 하지만 시중을 들던 아이를 통해 많은 비밀을 알 수 있었다. 아무도 없는 틈을 타서 방으로 들어온 하인은 아이들에게 많은 것을 알려주었다.

"지금 성주님은 전임 성주님의 동생이야. 원래 큰아들이셨던 전임 성주님께서 이곳 성주 자리를 물려받았는데, 갑작스럽게 돌아가신 거야. 곳곳에 전임 성주님의 흔적이 아직 남아 있어. 저기 보이는 정원, 마법의 문제 모두 전임 성주님께서 계실 때부터 있었던 거야."

"마법의 문제?"

아이들이 놀라자 자신이 대단한 것을 알고 있다는 듯 자랑스러워하며 이야기를 계속했다.

"음, 그렇지. 마법사가 그려져 있는 바위에 문제가 있는데, 언제부터 내려왔는지는 확실치 않아. 하지만 커다란 바위에 이해할 수 없는 글이 적혀 있어서 신비로운 마법의 문제라고 해."

"아······."

아이들은 하인의 말에 고개를 끄덕였다. 그리고 성주와 집사가 무언가 요즘 고민이 많아 보인다는 이야기도 들었다.

"나 왠지 좀 무서워."

한참 동안 이야기를 한 하인이 나가고 동진이가 말했다. 혹시 이상한 음모가 있는 것은 아닌지 불안했다. 마법 택시와 기사, 마법 카드, 마법성, 마법을 하던 전임 성주의 죽음. 이 모든 일이 어떤 관련이 있는지 복잡하기만 했다.

하인이 나간 후 집사가 무뚝뚝한 얼굴로 들어와 아이들에게 불편한 것이 없는지 확인했다. 그때 바람이 불어오며 가축 분뇨 냄새가 났다. 동물 전문가 찬혁이는 그게 소와 돼지의 분뇨라는 것을 바로 알 수 있었다. 성안 어느 곳에서 여러 가축을 키우고 있음이 분명했다.

"혹시 이곳에서 꽤 많은 가축을 키우고 있나요? 냄새를 맡아보니 소와 돼지를 키우는 것 같은데……."

집사가 깜짝 놀랐다. 찬혁이는 가축을 잘 키우는 방법에 대해 집사에게 조언을 시작했다. 찬혁이가 하는 말들은 집사가 듣기에 굉장히 유익했다. 위생적으로 분뇨를 치우고 이를 체계적으로 선순환 시키는 시스템에 관한 것으로, 가죽이 자꾸 죽어 요즘 고민이 많던 그였다.

"위생적으로 키우기 위해서는 가축의 분뇨를 잘 관리해야 합니다. 분뇨는 잘 모아두었다가 거름으로 쓰면 좋아요. 볏짚 등을 모아 같이 썩혀 논밭에 뿌리는 거죠."

찬혁이의 말을 들은 집사는 점심을 먹고 가축을 키우는 곳을 같이 둘러보자고 말했다. 겉으로 태연한 척했지만, 속으로는 찬혁이의 지식에 꽤 놀라고 있었다.

한편, 아이들을 과거 세계로 보낸 드라버는 마음이 편치 않았다. 벌써 아이들이 마법의 문제를 찾아 나선 지도 이틀 밤이 지나고 있었다. 마법사 팬덤이라 인간 세계에서 마음대로 움직일 수 없는 처지가 미안하고 원망스러웠다. 이 모든 것은 절대 퍼즐의 답을 알아내 자신의 스승을 구해 내고 마법 세계를 바로잡기 위한 것. 스승의 복수를 위해 섣부르게 갔다가 호닉스의 덫에 빠져 자신도 처절하게 당했던 일이 떠올랐다.

그때를 생각하면 드라버는 저절로 한숨이 나왔다. 그 이후의 일은 생각도 하기 싫었다. 머릿속이 복잡해졌다. 부정적인 생각들이 계속 꼬리를 물고 이어졌다.

"정말 바보 같았어."

드라버는 고개를 흔들었다. 분노에 휩싸여 무방비로 호닉스에게 당한 자신이 너무 한심했다.

"아……."

드라버는 깊은 한숨을 내쉬었다. 지난번처럼 쓸데없는 분노는 또다시 실패만 가져올 게 뻔했다.

"하나, 둘, 셋…… 후."

천천히 깊게 숨을 들이마셨다. 그리고 다시 아주 천천히 내쉬었다. 꼬리를 물고 이어지는 소모적인 생각들을 끊고 싶었다. 머릿속이 조금씩 가벼워지는 것 같았다.

'그나저나 아이들은 어떡하지? 이렇게 가만히 지켜보기만 해도 되는 걸까? 잘못하면 아이들이 영원히 빠져나오지 못할 수도 있다.'

드라버는 정신이 퍼뜩 들었다.

'그래, 아이들에게 편지를 써야겠어.'

드라버는 서둘러 펜을 들고 글을 써 나가기 시작했다.

친구들,

너무나 급작스러운 상황에 놀라게 해 미안하구나. 이제야 정신을 차리고 너희에게 편지를 쓰는 나를 용서해 주기 바란다. 나는 마법 세계에 사는 마법사 팬덤으로 이름은 드라버란다. 너희가 찾았던 매직메스학파의 마법 수학책에 그려져 있던 택시가 바로 나의 마법 택시였고, 그들도 우리의 존재를 알고 우리를 찾고 있었지.

지금 마법 세계는 음모에 빠져 암흑이 지배하는 세상이 되어 가고 있다. 마법 세계의 일인자였던 나의 스승님은 비밀 공간에 갇혔고, 나쁜 마법사들이 득실거리게 되었지. 이 어지러운 마법 세계를 바로 잡기 위해서는 절대 퍼즐을 풀고 소원을 이뤄야 한단다. 절대 퍼즐은 너희가 과학관에서 보았던 바로 그것, 그곳에 적혀 있던 암호를 풀어야 절대 퍼즐이 풀리지. 암호를 풀려면 마법의 문제를 찾아야 하고.

마법의 문제는 인간 세계와 마법 세계에 여기저기 흩어져 있는데, 너희가 그 퍼즐을 풀 수 있는 네 개의 문제와 답을 찾아야 한단다. 난 마법사 팬덤이라 인간 세계에서는 급격히 에너지가 소모돼 택시 밖으로 나갈 수가 없구나.

얘들아, 미안하고 고맙다. 꼭 마법의 문제를 찾아 풀어다오.

from 마법 택시 드라버

드라버는 편지를 하늘 위로 던지며 마법의 주문을 외웠다. 편지는 낙엽처럼 하늘 높이 떠올랐다.

"수리수리 발발타."

드라버는 한참을 바라보고 있었다. 편지는 저 멀리 보이지 않는 곳으로 날아가며 천천히 드라버의 시선에서 사라졌다. 드라버는 크게 심호흡을 했다.

'내가 마법의 힘을 더 길러야만 해.'

언제 놈의 검은 마수가 들이닥칠지 몰랐다. 아이들이 위험에 처한다면 언제든 데려올 수 있는 더 강한 힘이 필요했다. 그러기 위해 드라버는 에너지를 최대한으로 끌어올려야 했다.

"마법의 숲에 다녀와야겠어."

드라버는 혼잣말을 하고 마법의 숲으로 발걸음을 옮겼다.

그날 오후 집사와 가축을 둘러보고 온 아이들은 방 안에만 있었다. 그렇게 마법성에서의 하루가 지나갔다. 성주는 처음 만났던 이후로 전혀 보이지 않았다. 하지만 집사가 호의적으로 변해 마음이 한결 여유로워진 건 사실이었다.

오늘도 같은 시간 같은 장소에서 아침을 먹었다. 식사를 하는데 밖에서 시끄러운 소리가 들렸다. 밖을 보니 집사의 지시 아래 사람들이 마당에서 깨어진 돌을 나르고 있었다. 아이들은 식사를 마치고 슬그머니 그곳으로 갔다. 깨어진 돌조각이 꽤 커 보였다.

"웬 돌이에요? 집사님."

어제 일로 집사와 친해진 찬혁이가 붙임성 있게 물었다.

"아, 이것은 성문 밖에 있는 마법 바위 조각인데, 어젯밤 아랫부분이 떨어져 성주님께 보고 드리려고 가져온 겁니다. 날씨가 나쁘지도 않았는데, 갑자기 왜 깨졌는지 알 수가 없군요."

집사는 매우 친절하게 답해 주었다. 찬혁이에게 가축들을 잘 키울 수 있는 실질적인 도움을 받아 호의를 보였다. 잠시 후 집사는 성주에게 보고하기 위해 성주의 방으로 들어갔고 짧은 이야기 후 다시 나왔다.

"일단 이 돌은 다시 가져가서 바위 밑에 그대로 묻을 것이니, 석수영감이 일꾼 두 명과 가도록 하시오. 마법 바위는 잘 깎아서 원래대로 복원하라는 성주님의 지시요. 또, 마법 바위를 훼손한 자는 없는지 엄중히 찾으라는 명령도 하셨소."

집사가 옆에 있던 석수영감과 하인들에게 지시를 내렸다. 마법 바위를 보고 싶었던 아이들은 조심스럽게 자기들도 석수영감을 도와서 도움이 되는 일을 하고 싶다고 말했다. 집사는 잠시 생각을 하다 하인 한 명을 붙여 주며 외출을 허락했다.

아이들은 석수영감과 함께 마법의 바위로 향했다. 정말 동굴 앞 커다란 바위 앞에 쌀 한 포대 정도로 돌이 깎여 있었다. 가만히 두면 넘어질 수도 있을 것 같았다. 석수영감과 하인들은 바로 돌을 밑에 세우고 정비를 시작했다. 예상했던 대로 바위 위에 마법사의 그림과 함께 밑에 무언가 쓰여 있었다. 아이들은 일꾼들과 떨어져 그들이 일하는 것을 보며 글을 주의 깊게 읽었다.

> 보름달 안 다이아몬드의 크기를 구하라.
> 단, 보름달의 크기는 원주율(3.14)과 같다.
> 이 모습으로 성을 지으면 성은 영원히 번창할 것이다.

"보름달 안의 다이아몬드? 이 모습으로 지은 성? 이게 무슨 말이지?"

"아까 그림에서 살펴보니 마법성의 모습이 바닥은 원이고, 위쪽은 마름모였는데……."

동진이는 밥 먹을 때 보았던 마법성의 그림이 떠올랐다. 성 아래쪽은 동그란 모습에 성 위쪽 꼭대기는 마름모로 뾰족하게 각진 형태였다.

"그럼 원이 보름달이고, 마름모가 다이아몬드 아니야?"

"보름달 안의 다이아몬드가 원 안에 그려진 마름모라는 이야기구나."

"그럼 이런 그림이 되겠네."

세라가 원 안에 마름모 모양을 땅바닥에 그렸다. 원 안의 마름모의 크기를 구해야 하는 것 같았다. 동진이가 유심히 그것을 보다 말을 꺼냈다.

"마름모의 크기를 찾으라고 했으니, 원의 넓이를 먼저 구해야 할 것 같아. 원의 넓이가 3.14라고 하였으니까, 원의 넓이 내는 공식이……."

"반지름×반지름×3.14."

"응. 그럼 원의 넓이가 3.14이면 반지름×반지름=1이라는 거네. 그렇다면 똑같은 수를 곱했을 때 1이니까, 당연히 반지름은 1이 되고."

"그럼 이 안의 마름모는 어떻게 계산을 해야 하지? 대각선으로 구했던 것 같은데······."

정답을 찾기 위해 서로의 생각을 쏟아냈다. 수학 시간에 문제 해결을 위해 자주하던 탐색 과정이었다.

"마름모를 사각형 안에 그린다면 마름모의 대각선이 사각형의 가로와 세로가 되는 거고, 그 사각형의 반을 계산한 거랑 같은 거야. 그래서······."

"아, 이제 생각났다. 한 대각선×한 대각선÷2가 되는 거네."

"그렇지."

"그럼 한 대각선의 길이가 지름의 길이 2와 같은 거고, 공식에 대입하면 2×2÷2가 되니까 답은 2."

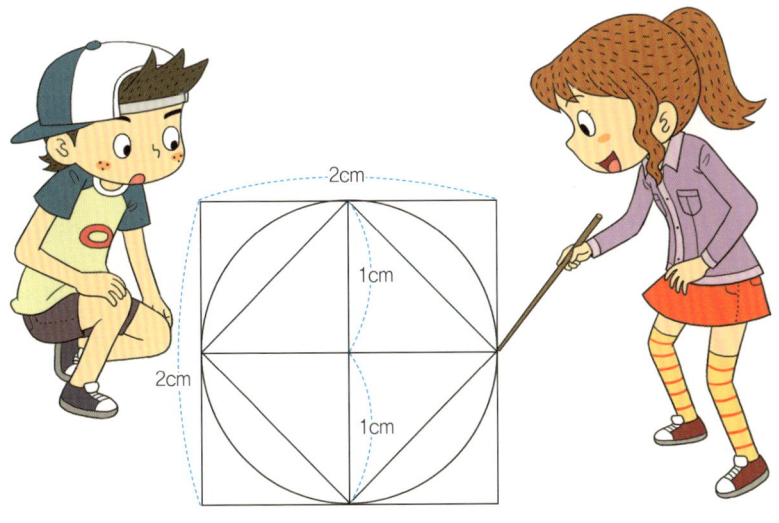

"그렇지 답은 2가 맞는 것 같아."

함께 생각하며 이야기를 나누다 보니 생각보다 문제가 쉽게 해결됐다.

세라가 일하는 사람 몰래 마법사 그림에 답을 적고 마법 카드를 살짝 갖다 대자, 마법 카드에 불빛이 반짝거렸다. 마법 택시에도 마법사 그림 불빛이 두 개 켜졌다. 아이들은 기쁨에 겨워 주위를 살피며 소리 없는 하이파이브를 했다.

"근데 저건 뭐지?"

그때 눈썰미 좋은 동진이가 무언가를 발견했다. 끝이 약간 말린 종이가 길가 옆 도랑에 떨어져 있었다. 문제를 푸느라 아무도 못 본 듯했다. 동진이는 조심조심 도랑으로 내려가서 종이를 주웠다. 비밀스러운 무언가가 적혀진 편지처럼 보였다.

"에고, 아주 미끄럽네."

동진이가 종이를 한 손에 쥐고 조심조심 위로 올라왔다. 그리고 땅에 발을 딛는 순간 눈앞의 광경을 보고 숨이 멎을 뻔했다. 험상궂은 사람들이 친구들 주변을 둘러싸고 있었다. 그리고 그 안에 안티무스의 모습이 보였다.

'헉!'

동진이는 황급히 들고 있던 종이를 주머니 속에 넣었다. 소리가 들렸는지 안티무스가 고개를 돌렸다. 예리한 안티무스의 눈빛과 마주쳤다.

"오, 거기 있었구나. 모두 네 명이었는데, 어딜 갔나 했지?"

안티무스의 말을 듣고 손에 작은 칼을 빼 든 부하가 동진이에게 달려왔다. 동진이는 그 자리에서 얼음처럼 그대로 얼어붙었다. 아이들은 꼼짝없이 잡혀 끌려갔다.

"모두 그동안 잘 지냈느냐? 아르키메데스의 집에서는 용케도 잘 도망쳤더구나, 흐흐흐."

아이들을 잡은 안티무스가 흡족해했다. 그의 뒤에는 마법 바위를 수리하던 하인과 석수영감도 잡혀 있었다.

"마법성 생활은 할 만했느냐? 너희를 밖으로 불러내기 위해서 어젯밤 마법 바위를 조금 깨뜨렸지. 이 바위에 그려진 마법사 그림이 너희와 관련이 있을 거라 생각됐거든. 그런데 이렇게 빨리 나와 주었군, 흐흐흐."

말끝마다 웃는 안티무스의 비열한 웃음이 귀에 거슬렸다.

"그런데 어떻게 여길 알았쇼?"

겁이 났지만 찬혁이가 당차게 물었다.

"나를 그 정도로만 생각하다니, 이곳에 숨어 있다고 못 찾을 줄 알았던 거야? 너희가 이곳에 있다는 걸 알고 만사를 제쳐두고 내가 직접 달려왔는데 말이야, 흐흐흐."

"빨리 가시지요. 시간이 없습니다, 주군."

옆에 있던 재로니스가 말했다.

"그래 알았다."

안티무스가 고개를 끄덕였다.

"앞으론 내 말을 잘 들어야 할 거야. 그리고 너희 중 누군가는 당장 미래로 돌아가서 소중한 보물을 가져와야 하겠지. 그렇지 않으면 누군가는 죽게 될 거야. 난 그렇게 성격이 느긋하지가 않거든."

안티무스는 아이들을 쓰윽 천천히 훑어 내렸다. 소름이 쫘악 끼쳤다. 그렇게 아이들을 모두 끌고 가려는 순간, 뒤에서 갑자기 큰 호통 소리가 들렸다.

"안. 티. 무. 스!"

깜짝 놀라 모두 뒤를 돌아보았다. 그리고 2~3초간 그대로 멈춰 있었다. 놀랍게도 거기엔 아르키메데스가 서 있었다.

"내가 너에게 이렇게 하라고 공부를 가르친 것이냐?"

안티무스의 옛 스승 아르키메데스는 노여움이 가득 찬 목소리로 말했다.

"어찌 네가 이런 나쁜 짓을 한단 말이냐? 하늘이 부끄럽지도 않더냐? 지금이라도 이 아이들에게 용서를 구하고 빨리 풀어주어라. 그러면 내가 너를 용서하겠다."

안티무스는 갑작스러운 옛 스승의 등장에 깜짝 놀랐다. 놀란 것은 아이들도 마찬가지였다.

'분명 로마군과 내 부하들이 아르키메데스의 집을 포위하고 있었을 텐데, 어떻게 이곳으로 왔지?'

안티무스는 당황했다. 하지만 아르키메데스 주위에 아무도 없는 것을 확인하고는 표정이 이내 바뀌어 옅은 비웃음을 띠며 되물었다.

"아니 이게 얼마만입니까? 스승님. 제 부하들에게 스승님을 잘 모시고 있으라고 했는데, 조금 불편하셨나 보군요. 직접 이곳까지 오시다니요. 흐흐흐."

잠시 옛 스승을 바라보던 안티무스는 이내 고개를 돌려 옆에 있던 부하에게 눈짓과 함께 고개를 까딱했다. 부하 두 명이 아르키메데스에게 다가갔다. 그때였다.

"저놈들을 모두 잡아라."

바위 뒤편 숲속에서 복면을 쓴 무사들이 나타나 순식간에 안티무스와 부하들을 빙 둘러쌌다. 아르키메데스를 구출하고 돌아온 연투스의 비밀 무사들이었다. 무사들은 활을 겨누고 있었고, 안티무스와 그의 부하들은 놀라 허둥지둥 무기를 버리고 두 손을 들었다.

"네가 바로 안티무스로구나. 로마의 앞잡이 노릇을 했다지. 너희 모두 체포하겠다. 이놈들은 당장 성으로 끌고 가고, 아르키메데스 선생님도 빨리 모셔라."

뒤에 있던 연투스 성주가 천천히 앞으로 걸어 나오며 무사들에게 지시를 내렸다. 비상 상황에 맞게 여기저기를 다니며 보이지 않게 직접 지시를 내리고 있던 연투스 성주였다. 카리스마 있는 그의 말에 무사들이 신속히 안티무스 일당을 제압했다.

"그런데 너희는 성 밖으로 함부로 나오면 안 될 것 같은데, 누가 허락해 준 것이지?"

연투스 성주는 아이들을 둘러봤다.

"저희가 조그만 일이라도 거들고 싶어서 집사님께 부탁드렸습니다. 죄…… 송…… 해요."

아이들은 기어들어 가는 소리로 말했다. 성주는 못마땅한지 얼굴이 딱딱하게 굳었다. 안티무스 일당은 무사들에게 잡혀 모두 줄줄이 손을 묶인 채 끌려갔다. 안티무스는 무엇인가 말을 하려고 하였으나 아무 말도 하지 못했다.

아르키메데스는 제법 수척해 보였다. 며칠 동안 안티무스에 의해 집에 감금되어 있었다고 했다. 연투스는 안티무스를 문초하여 로마로부터 큰돈을 받고 마을의 여러 정보를 넘겼고, 나중에 큰 지위와 함께 미래를 약속받았다는 실토를 받아 냈다. 조사가 끝난 후 안티무스와 재로니스는 한방에 갇혔다.

"재로니스! 꼼짝없이 잡혀 버렸구나."

손이 묶인 채 안티무스가 재로니스에게 말했다.

"우리가 파놓은 함정에 우리가 완전히 당했습니다. 제가 좀 더 치밀해야 했는데, 죄송합니다."

"흠, 아니다. 그나저나 이제 우리는 어찌해야 한단 말이냐?"

재로니스가 잠시 생각하다 말을 이었다.

"혹시 이 성에도 주인님이 심어 놓은 첩자가 있습니까?"

"물론이다. 반경 100리 안에 있는 어느 성에나 최소 두세 명의 비밀 첩자들이 있지. 모두 어깨에 전갈 문신을 하고 있어. 블랙 전갈이라고 말하면 모두 알아듣는다."

"오, 그렇습니까?"

재로니스가 회심의 미소를 띠었다.

"그나저나 그들에게 어떻게 연락한단 말이냐?"

"걱정하지 마십시오, 주인님. 이런 것은 아주 쉽습니다."

"아주 쉽다고? 어찌 너에게 좋은 수라도 있느냐?"

"제게 다 방법이 있습니다. 저만 믿으십시오."

"그러니까 그게 무엇이란 말이냐? 어떻게 그들에게 연락할 수 있다는 게야? 자세히 말 좀 해 보아라."

"제가 변신을 할 수 있으니 일단 이곳을 빠져나가겠습니다. 그 후 블랙 전갈을 찾아 나중에 연락드리도록 합지요. 흐흐흐."

재로니스는 귓속말로 속삭였다.

"변신? 나중에 연락? 노대체 무슨 소리지'?"

안티무스는 좀 더 묻고 싶었지만, 간수가 들어오는 바람에 더 이상 물어보지 못했다.

간수는 방 안을 둘러보고 모두가 있는지 확인했다. 그리곤 허튼짓하지 말라며 으름장을 놓고 한참을 지켜보았다. 안티무스는 간수의 시선을 피해 눈을 감았다. 그러다 의자에 앉은 채로 깜빡 잠이 들었다. 그는 잠시 후 간수들이 외치는 소리에 깜짝 놀라 잠에서 깼다.

재로니스가 앉아 있던 의자에는 손을 묶었던 포승줄만 덩그러니 땅에 떨어져 있었다. 눈으로 보고도 믿기 힘든 일이었다. 한바탕 소동이 벌어졌지만, 결국 재로니스는 찾지 못했다. 방을 지키던 간수들은 비상이 걸렸고, 수십 명의 무사가 여기저기를 뒤졌지만 포승줄 이외에 어떤 흔적도 발견할 수 없었다.

 환기통을 통해 방 밖으로 빠져나온 재로니스는 성안 여기저기를 유유히 헤집고 다녔다. 완벽하게 원래 고양이 모습으로 돌아온 재로니스에 대해 이상하게 생각하는 사람은 아무도 없었다. 그는 여기저기를 돌아다니며 어깨에 전갈 문신을 한 사람을 찾았다. 그리고 드디어 정원에서 일하고 있는 블랙 전갈을 발견했다.

 한편 그날 밤, 성으로 돌아온 아이들은 동진이가 주운 편지를 함께 읽었다. 드라버가 마법의 세계에 들어가기 전 아이들에게 날려 보냈던 편지였다. '마법 세계, 스승을 구한다, 절대 퍼즐' 전혀 알 수 없는 말들뿐이었지만, 아이들은 편지를 보며 왠지 모를 용기와 힘이 솟았다.

공부에 도움이 되는 수학·과학 톺아보기

★톺아보기란?
'자세히 살펴보다'라는 뜻의 순우리말입니다.

1. 다음 원의 넓이는 얼마인가요?

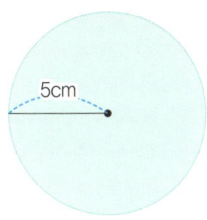

2. 다음 마름모의 넓이는 얼마인가요?

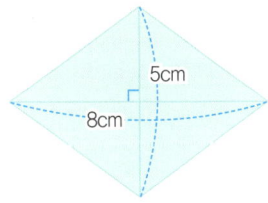

3. 가로 5cm, 세로 7cm인 직사각형의 둘레와 넓이를 구하세요.

   둘레 :

   넓이 :

4. 가로, 세로, 높이가 2cm인 정육면체의 부피와 겉넓이를 구하세요.

   부피 :

   겉넓이 :

미궁에 갇히다

"당신이 블랙 전갈이군?"
"그럼 다, 당신도 블랙 전갈?"
"음, 그렇다고 해두지."
사람으로 변신한 재로니스가 인부를 살짝 데리고 와 이야기를 나누고 있었다. 검게 그을린 인부의 어깨에는 검은 전갈 무늬가 그려져 있었다.
"지금 안티무스님이 큰 어려움에 빠져 있소."
"알고 있소. 이 성안에 잡혀 있다고 들었소."
"그렇다면 우리도 모두 잡혀가는 것은 시간문제일 것이오."

우리가 발각되면 죽을 수도 있소."

"그 그럼 어찌해야 한단 말이오?"

"지금부터 내가 하는 말을 잘 들으시오. 이것을 가지고 조용히 이 성을 빠져나가 안티무스님의 집에 있는 벡터닉(안티무스 세력 이인자)을 찾으시오."

"예, 그러겠소."

재로니스가 전하는 종이는 안티무스의 부하에게 전하는 편지였다. 안티무스의 사병 중 가장 실력이 좋은 군사들 열 명을 비밀리에 불러 모으라는 메시지였다.

"내가 이날 10시에 동문에 밧줄을 내릴 것이니 그때를 기해 침투하시오. 아무도 모르게 벡터닉에게 전해야 하오. 무사히 성공하면 당신은 아마 큰 상을 받게 될 것이오. 평생 모을 돈을 받을 수도 있겠지. 만약 누군가에게 발각되면 이 종이를 모두 삼켜 버리도록 하시오."

"알겠소."

전갈 무늬 첩자는 침을 꿀꺽 삼켰다. 그는 재로니스가 전해준 쪽지를 들고 밤사이 성을 몰래 빠져나갔다.

시간이 흐르고 아침이 밝았다. 편지를 읽은 아이들은 아침에 일어나서 아르키메데스를 찾아갔다. 아르키메데스는 그들을 보고 무척 반가워했다. 하지만 그는 온통 고향 마을에 대한 걱정뿐이었다. 안티무스가 잡혔으니 고향으로 돌아가 로마군을 무찌르고 잘못된 것을 바로잡겠다고 했다.

아르키메데스는 연투스에게 자신이 무기를 만들 수 있도록 지원해 달라고 했다. 그리고 각종 무기들을 제작하기 시작했다. 지레의 원리를 이용한 투석기, 도르래의 원리를 이용하여 끝에 무거운 쇠를 매단 무기 등 기상천외한 무기들이 많았다. 연투스도 아르키메데스와 함께 로마군을 무찌르기로 마음을 함께 했고 곧바로 모처에서 무기 제작에 들어가기 시작했다.

　아이들은 나이든 아르키메데스의 결단과 집념을 보며 자신들에게도 용기가 더 생겼다. 집사를 찾아가 성안을 구경할 수 있는지 물었다. 집사는 잠시 생각에 잠긴 후 조건부로 허락을 하며 아이들에게 다짐을 받았다.

"제한된 성안은 구경하실 수는 있지만, 제가 말씀드리지 않은 곳은 절대 함부로 다녀서는 안 됩니다. 이 점을 확실히 하지 않으면 저는 어떠한 도움도 드릴 수 없습니다."

아이들에게 약속을 받은 뒤 집사는 성안의 구조에 관해 설명을 해 주었다. 층별로 배치된 기본적인 성의 구조에 대해 알 수 있었다.

"그리고 어디에서든 지하로 내려가서는 절대 안 됩니다. 오래되어 자물쇠가 고장 나서 통로가 열릴 수도 있으니, 특히 주의해야 합니다."

집사가 지하로 내려가는 통로를 가리켰다. 커다랗게 잠긴 자물쇠가 걸려 있는 통로 중앙의 문이 보였다. 아이들은 집사를 보고 꾸벅 인사를 했다. 차가워 보였지만 나름 친절하고 좋은 사람이었다.

아이들은 집사의 허락을 받고 성안 여기저기를 다녔다. 여러 방에 진귀한 그릇이며 나라 구석구석에서 구해온 신기한 물건들이 전시된 곳노 있었다. 집사의 허락을 받은 아이들은 성안의 사람들로부터 제지를 당하지 않았다. 하지만 아이들의 뒤를 따르는 소리 없는 다른 눈이 있다는 건 전혀 눈치채지 못했다.

점심을 먹고 본격적으로 마법의 문제와 단서를 찾으러 다니던 아이들은 1층까지 내려왔다. 복도 끝부분 벽에 나 있는 문을 발견했다. 커다란 빗장이 걸려 있고 앞에 빨간색으로 X표가 되어 있는 문이었다.

"어, 이것 봐. 여기 조그만 글씨가 쓰여 있어."

찬혁이가 손으로 가리킨 곳에는 '마법의 문제를 찾는 자는 이곳으로 내려가라.'라는 아주 작은 글씨가 쓰여 있었다. 잠깐 망설이다 주위를 살핀 후 찬혁이가 빗장을 들고 몸으로 문을 밀었다. 끼이익 문이 열리며 조그만 계단이 나타났고, 그것은 빙글거리며 저 아래까지 나 있었다.

"여기에 분명 마법의 문제가 있는 것 같아."

찬혁이가 빨리 들어오라고 손짓으로 아이들을 안내했다. 떨렸지만 모두 찬혁이 뒤를 따라 발소리를 내지 않고 살금살금 내려갔다. 한참을 내려가니 커다란 문이 다시 나타났다.

"얘들아, 정말 우리 들어가도 될까? 계단을 한참 내려왔는데……."

"절대 지하로 가서는 안 된다고 했어."

세라와 동진이가 말렸지만, 재민이와 찬혁이는 잠깐만 들어갔다 오겠다며 아이들을 설득했다. 더 말릴 틈도 없이 찬혁이가 또다시 문을 밀었다.

"너희 둘은 여기서 기다려 우리가 다녀올게."

재민이와 찬혁이가 걱정 말라며 손을 잡고 안으로 들어갔다. 지하의 통로는 지상과는 다르게 둥그런 면이었다. 똬리를 튼 뱀처럼 둥근 기다란 복도를 따라 걸어갔다. 한참을 가도 막다른 벽이 나오지 않고 컴컴한 길만 계속되었다.

"안 되겠다. 다시 돌아가야겠어."

둘은 다시 뒤로 향했다. 더는 가서는 안 될 것 같았다. 하지만 들어온 거리만큼 다시 나간 것 같은데도 출입문이 나오지 않았다.

"이상하네."

둥글둥글한 길이 계속 이어지는 것 같았다. 계속 가도 막다른 길목이 나오지 않았다. 왠지 끝이 없는 느낌이었다. 재민이의 등에서 식은땀이 주욱 흘렀다. 둘은 갑자기 공포에 휩싸였다.

"찬혁아, 혹시 이거 미궁 아니야?"

"미궁?"

"응, 들어오는 길은 있지만 나가는 길은 없다는 미궁. 이상하게 막다른 길이 없잖아. 계속 빙글빙글 도는 것 같고……."

둘은 그 자리에 잠시 앉았다.

'돌아가는 길을 찾을 수 없다면 이곳에서 영원히 빠져나가지 못하게 된다.'

재민이는 성의 지하에 갇혀 그곳의 괴물이 돼 버린 여러 가지 이야기들이 떠올랐다.

그때였다. 어둠 속에서 나지막하게 소리가 들렸다.

"차재민, 이찬혁!"

어둠 속에서 또렷하게 들리는 동진이 목소리였다.

"앗, 동진이다."

"어, 여기야! 동진아."

찬혁이 목소리가 떨렸다.

"얘들아! 거기 그대로 있어. 내가 찾아가는 중이니까……."

동진이의 목소리가 들리고, 조금씩 발소리가 가까워졌다.

한편 아이들을 지켜보던 그 눈은 계속해서 따라왔다. 몰래 숨어서 그들을 지켜보다 재민이와 찬혁이에 이어 세라와 동진이까지 미궁 안으로 들어가자 서둘러 계단 앞으로 갔다. 고개를 돌려 주위에 아무도 없는 것을 확인한 후 지하 계단 쪽으로 장식품 그릇을 땅에 떨어뜨려 깼다. 와장창 소리가 났다.

"누구냐? 무슨 일이야?"

하인들이 시끄러운 소리에 놀라 달려왔다. 하지만 아무도 없고 지하 문이 열려 있는 게 보였다.

"누가 저기에 들어갔단 말이냐?"

집사가 주변을 둘러보며 물었다.

"아무래도 아까 그 아이들인 것 같습니다."

"그래?"

집사가 인상을 썼다.

"집사님, 아무래도 수상쩍은 놈들입니다. 주인님이 오시기 전에 저놈들을 잡아들이시지요. 뭔가가 께름칙합니다."

"음……."

"게다가 들어가지 말라고 했는데 기어코 들어간 걸 보면 지금 당장 가둬야 할 것 같습니다. 앗, 저기 무슨 종이입니까?"

땅에 떨어져 있는 종이에는 '보물은 이곳에 없음.'이라고 쓰여 있었다.

"그래, 그래야겠어."

집사가 그것을 보고 고개를 끄덕였다. 옆에 있던 하인이 한쪽 입꼬리를 올리며 씨익 웃었다. 아이들을 몰래 미행했던 눈, 그는 여러 하인 중 하나로 다시 변신한 재로니스였다. 아이들이 보았던 문 앞에 글씨와 쪽지 등도 아이들을 함정에 빠트리기 위해 재로니스가 꾸민 계략이었다.

칠흑 같은 어둠의 지하실 미궁에서 만난 동진이는 너무나 반가웠다.
"여기 미궁인 것 같아. 빨리 돌아가야 해. 이 방향으로 돌아가면 열린 문이 보일 거야. 세라가 문을 열어 놓고 있을 거야."
동진이가 어떻게 찾았는지 아이들 앞에 있었다. 재민이와 찬혁이는 울컥했지만 아무 말도 못 했다.
동진이가 앞장을 섰다. 동진이는 훌륭한 지리 감각으로 방향을 잃어버리지 않고 조금씩 앞을 향해 나아갔다. 이리저리 틀

며 방향을 잡자 멀리 세라가 잡고 있는 열린 문이 보였다. 생각보다 꽤 멀리까지 와 있었다.

"세라야, 진짜 고마워."

깜깜한 암흑 속에서 만나는 빛이 이보다 반가울 수 없었다. 열린 문 사이로 조금 더 밝은 빛이 들어오고 있었다.

"만약 닫혔으면 문을 완전히 찾지 못할 뻔했어."

문은 완전히 벽과 똑같았다. 안쪽엔 손잡이가 따로 있지 않아 구분되지 않았다. 모두 살았다는 안도의 한숨을 쉬며 아이들은 서둘러 계단을 다시 올랐다. 한참을 오르다 위를 본 아이들은 깜짝 놀랐다. 위에서 집사가 아래를 내려다보고 있었다. 그리고 뒤에는 성주의 사병들이 창을 들고 서 있었다.

"빨리 체포해!"

집사가 사병들에게 명령을 내렸다.

"무슨 일이시죠. 갑자기 왜 그러세요?"

찬혁이가 말했다.

"너희 아무래도 수상해. 절대 지하로 내려가지 말라고 했는데, 왜 거기에 간 거지?"

집사의 태도와 말투가 완전히 바뀌어 있었다. 아이들에게 반말로 추궁했다.

"아, 그건……."

찬혁이가 말하려 했지만 들으려 하지 않았다.

"빨리 잡아서 가두어라. 성주님께 보고해야겠다."

집사는 병사들에게 아이들을 포박하게 했다. 그리고 지하 미궁 속 어느 한 곳에 그들을 가두어 버렸다. 복도에 횃불만 하나 켜져 있고 감시용 창문만 뚫린 조그만 방이었다. 그렇게 한참을 하릴없이 시간이 흘렀다.

'스스슥 스스슥.'

정적을 뚫고 어디선가 소리가 들렸다. 갇힌 아이들은 숨을 죽이고 창문 너머를 쳐다보았다. 밖에 서너 명의 사람들이 지나가고 있었다. 걷는 듯 걷지 않는 듯 발걸음이 무척 빨랐다. 땅에 닿으면서도 소리가 거의 나지 않았다.

"얘들아, 다 복면을 썼어."

그들은 모두 얼굴에 검은 천을 쓰고 있었다. 찬혁이의 작은 소리를 들었는지 그들은 걸음을 멈췄다.

"야, 조용해."

아이들은 긴장감에 모두 손을 꼭 잡았다. 선두에 복면을 쓴 사람이 손을 들어 일행을 멈추게 하고, 고개를 돌려 아이들을 보았다. 아이들은 얼음처럼 얼어 버렸다. 선두에서 지휘하던 사람이 천천히 아이들을 향해 다가왔다. 그는 문 앞까지 와서 아이들을 한 명 한 명 살펴보더니 재민이와 눈이 마주치자 한참을 그대로 있다 물었다.

"이름이?"

"저, 차 재……재민이……라고 합니다."

재민이가 기어들어 가는 목소리로 대답했다. 그 사람은 아무 말 없이 재민이를 한참 더 쳐다본 후 발걸음을 돌렸다. 잠시 후 그들은 미궁의 어둠 속으로 밤의 침묵처럼 완전히 사라졌다.

어느 순간부터 마법 세계에 있는 호닉스의 구슬에는 드라버와 아이들의 모습이 잘 보이지 않았다. 구슬의 표면이 뿌옇게 흐려져 살펴보기 어려웠다.

호닉스와 난쟁이는 달빛이 숲을 환하게 비추고 있는 곳에 있었다. 이들이 있는 곳은 빽빽한 숲속에 있는 이상하게 텅 빈 곳이었다.

"더 강한 마법 에너지가 필요해. 요즘 힘이 점점 약해지는 것 같아."

호닉스는 눈을 감고 한참을 생각하다 천천히 눈을 떴다.

"다시 수련에 들어가야겠다."

"또 말입니까? 주인님."

"계속 불안한 마음이 든다. 뭔가 좋지 않은 느낌이 들어."

호닉스는 고개를 아주 천천히 시계방향으로 돌렸다. 목에서 뼈가 부러지는 듯 큰 소리로 두두둑 소리가 들렸다. 뭔가 기분이 좋지 않을 때 하는 행동이었다.

"아직은 시간이 있습니다. 주인님께서 나서지 않으셔도 됩니다."

"아니다. 자꾸 찝찝해. 요즘 구슬에서 드라버의 모습도 잘 안 보이지 않느냐? 구슬도 흐려지고. 이건 나의 마법의 힘이 약해질 때 생기는 증상이다."

호닉스는 난쟁이를 쳐다보았다.

"무리해서 수련하시다가는 건강을 해칠 수도 있습니다."

"지금으로선 어쩔 수 없다. 그들을 불러내어 내가 직접 완전

구 알아보기

1. 구란?
공 모양의 도형
(반원을 1회전 하여 생기는 도형, 구의 중심에서 모두 같은 거리에 있는 점들이 모여서 이루어진다.)

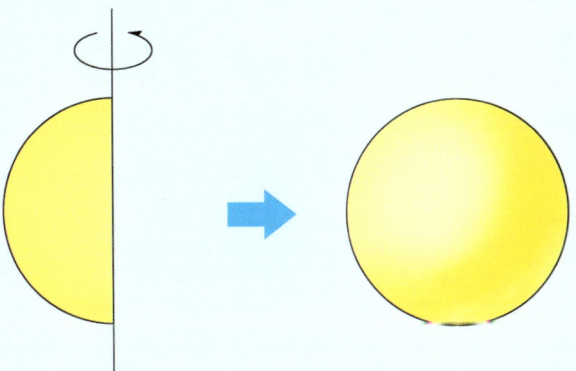

2. 구의 구성 요소
① 중심 : 구의 가장 안쪽에 있는 점(오직 1개)
② 반지름 : 중심에서 구의 표면의 한 점을 잇는 선분

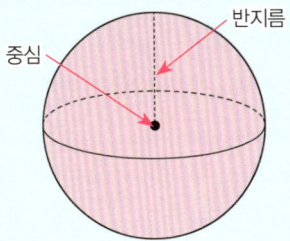

3. 특징
① 구의 중심을 지나는 면을 자른 단면은 동그란 원이 된다.
② 구는 공 모양으로 잘 굴러간다.

히 해결해야겠어. 재로니스도 잘 안 되고 있고……."

"괜찮으시겠습니까? 잘못하면 오히려 상황이 더 안 좋아질 수도 있습니다."

난쟁이는 호닉스를 올려다보며 말했다. 난쟁이의 키는 호닉스의 허리춤에 겨우 미쳤다.

"그래서 에너지가 더 필요하다. 그들을 불러들이려면 한꺼번에 큰 힘이 필요해. 내가 더 힘을 키워야 한다."

"알겠습니다. 주인님. 그럼 저는……."

"넌 여기 구슬 옆에서 기다리고 있으면서, 구슬을 계속 살펴보도록 해라."

"네, 주인님. 분부대로 하겠습니다."

난쟁이는 손을 모으고 앞으로 비비며 말했다. 흡사 파리가 손을 모으고 있는 모습 같았다.

백발의 호닉스는 말을 마치고 숲속으로 몸을 돌렸다. 뾰족한 모자를 쓴 커다란 키에 망토를 땅에 끌며 천천히 한 걸음씩 발을 옮겼다. 난쟁이가 그 뒤를 걱정스러운 듯 한참을 쳐다보고 있었다.

공부에 도움이 되는 수학·과학 톺아보기

★ 톺아보기란?
'자세히 살펴보다'라는 뜻의 순우리말입니다.

1. 반지름이 5cm인 구의 겨냥도를 그리고 중심과 반지름을 표시하세요.

2. 일상생활에서 구의 모습을 한 물체를 3개 이상 찾아서 쓰고, 구의 특징을 설명하세요.

3. 구는 어떤 도형이 대칭축을 중심으로 회전하여 만들어진 도형이다. 회전하기 전 어떤 모양이었을지 그려 보세요.

4. 아래 그림은 미궁을 쉽게 그리는 방법입니다. 여러분도 나만의 미궁을 커다란 종이에 그려 보세요.

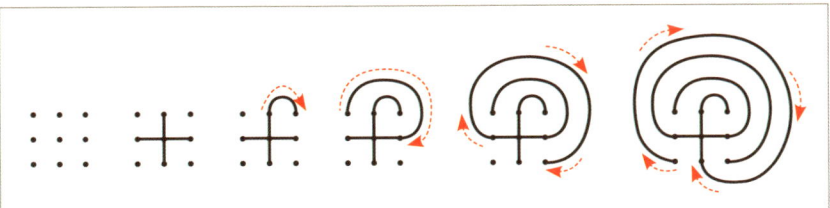

〈미궁을 그리는 방법〉
❶ 점을 9개 찍는다.
❷ 한가운데 점을 중심으로 십자로를 그린다.
❸ 그림처럼 좌우로 점을 차례로 연결한다.
❹ 그리고 다시 이것을 좌우로 연결한다.

※ 미로와 미궁의 차이
미로는 들어가는 길과 나가는 길이 따로 있지만, 미궁은 들어가는 길 하나밖에 없음.

마법성의 비밀

"분부하신 일들은 잘 처리하였습니다, 성주님."

"그래. 수고 많았다."

아이들이 보았던 복면 요원들이 미궁의 비밀 통로를 통해 연투스 성주의 방으로 들어와 있었다. 연투스 성주가 아무 말 없이 고개를 끄덕이며 가까이 다가가 어깨를 다독였다.

"목숨을 걸고 충성을 다하겠습니다. 저희는 주군의 것입니다."

복면 요원들은 일제히 무릎을 꿇었다. 그들은 성주의 특급 결사대로 비밀리에 성주의 지령을 수행하는 정예 요원들이었다.

성안과 밖 모처에서 성주의 직접 지시에 따라 움직였고, 복면을 쓰고 활동했기 때문에 인원과 조직이 알려지지 않은 채 철저히 베일에 싸여 있었다.

"그런데 주군, 잠시 드릴 말씀이 있습니다."

"말해 보라."

"방금 지하 방에 갇혀 있는 어린아이들을 보았습니다."

"음. 수상한 짓을 해서 그곳에 가두어 놓았다. 집사 말로는 성 여기저기를 염탐하고 다니며, 들어가지 말라는 지하를 기어이 들어갔다고 하더군. 아르키메데스 대부님과 함께 있었다는 아이들인데, 날이 밝으면 일단 자세히 조사할 예정이다."

"그렇습니까? 주군. 그런데 그 아이들에게 제가 목숨을 빚졌습니다."

무사가 잠시 머뭇거리다 말했다.

"뭐라고? 그게 정말이냐?"

"네. 사실은……."

아이들이 마법 택시를 타고 이곳에 처음 와 쫓기는 사람을 숨겨준 이들이 바로 연투스의 특급 결사대였다. 임무 수행 중 발각되어 쫓기다가 겨우 아이들 덕분에 목숨을 건질 수 있었다.

무사는 그때 상황을 자세히 설명하고, 자신의 이름을 두 번이나 솔직히 말한 재민이와 일행들이 거짓말을 하지는 않을 것 같으니 무슨 일이 있었는지 그 이야기를 잘 들어주시라 당부하였다.

"좋다. 날이 밝으면 내 아이들의 이야기를 일단 잘 들어보도록 하지."

무사는 감사의 예를 올리며 성주의 방에서 빠져나갔다.

그 시간 아르키메데스는 성주의 도움을 받아 수십 명의 일꾼과 함께 로마군에 맞서 싸울 신무기를 만들고 있었다. 그것은 투석기와 갈고리의 일종이었는데, 로마군의 진지를 먼저 투석기를 이용해 파괴하고 도르래 끝에 갈고리를 매달아 배를 부수려는 전략이었다. 주위 여러 사람이 그의 건강을 염려할 정도로 잠깐의 휴식도 없이 계속 일을 했다. 사람들은 아르키메데스의 뛰어난 지략과 추진력에 놀라움을 감추지 못했다.

성주는 밤사이 조용히 그를 찾아가 무기 제작 과정을 둘러보았고, 넌지시 아이들에 대해서도 물어보았다. 아르키메데스는 아이들이 처한 상황은 전혀 모른 채 착하고 순수하며 지혜로운 아이들이라고 잔뜩 칭찬해 주었다.

아침이 되어 아이들은 성주의 방에 불려갔다. 연투스 성주가 근엄한 자세로 의자에 앉아 있었다.

"너희가 허락되지 않은 여러 방을 드나들면서 염탐을 하였다는 보고를 받았다. 무슨 일이 있었는지 말을 해 보라. 혹여 거짓을 말한다면 절대 용서받지 못할 것이다."

"네, 성주님."

무서운 분위기에 아이들은 압도되었다. 먼저 재민이가 용기를 내어 지금까지 일어났던 일, 다른 세계에서 온 것, 마법사의 그림, 마법의 문제를 찾아야 돌아갈 수 있다는 것을 빠짐없이 사실대로 말했다.

"마법사의 그림?"

차분히 듣고 있던 성주의 눈빛이 바뀌더니 갑자기 분위기가 서늘해졌다. 그리고는 부하를 시켜 아이들의 주머니를 수색했다. 그곳에서 아이들이 가지고 있던 마법 카드가 나왔다.

"도대체 너희는 누구냐? 네 놈이 나의 형을 죽인 원수들이 아니더냐?"

연투스가 카드의 마법사 그림을 보더니 흥분하며 칼을 아이들에게 겨누었다.

"잠시만, 잠시만……."

바로 이때, 문을 열고 아르키메데스가 황급히 들어왔다. 성주

에게 무언가를 이야기하러 온 아르키메데스였다. 아르키메데스를 본 연투스는 칼을 아래로 내려놓고 재민이에게서 뺏은 카드를 보여 주었다.

"이것 보십시오. 이것은 분명 형이 마법사 복장을 하고 있던 모습과 똑같습니다. 형님의 죽음과 이놈들이 관계가 있는 게 분명합니다."

"진정해라, 연투스."

아르키메데스는 연투스의 손을 잡고 진정시켰다. 연투스의 흥분이 가라앉자 아르키메데스가 나직이 말했다.

"연투스, 넌 나를 믿느냐?"

"물론입니다. 아르키메데스님은 저의 아버지와 같은 존재이신 분입니다."

연투스는 아버지가 돌아가신 후 자신의 부친과 둘도 없는 친구였던 아르키메데스를 아버지처럼 의지하고 있었다. 아르키메데스가 연투스를 데리고 밖으로 나갔다. 그리고 성주와 둘만의 이야기를 시작했다.

"연투스! 네 형 라쿠스는 지금 살아있다."

"네?"

연투스는 뒤통수를 세게 얻어맞은 느낌이었다. 그것은 아버지와 그의 절친이었던 아르키메데스만 알고 있던 사실로, 동생에게까지 완전한 비밀로 숨겨왔던 일이었다.

"라쿠스는 사실 마법에 깊이 빠지면서 병에 걸려 지금 요양 중이란다. 형이 그런 모습을 아무에게도 알리기 싫어해서 아버지와 나만 아는 비밀로 했지. 워낙 자존심이 강한 아이라서 너에게까지 숨기고 싶어 했다. 그리고 형이 살아있는 것을 알면 네가 절대 성주 자리를 맡지 않을 거라고 했다더구나."

"그럼 그때 모든 것들이?"

"맞다, 하지만 이것은 돌아가신 너의 아버지와 형의 뜻이었다."

"아니, 어떻게 저에게까지. 형님은 그럼 지금 어, 어디 있습니까?"

"이 성과 떨어진 한적한 곳에서 치료 받으며 조용히 살고 있단다. 그런데 그때 형을 힘들게 한 문제가 있지 않았느냐? 이 아이들이 찾는 문제가 그것과 관련이 있다는 생각이 계속 드는구나."

아르키메데스가 말했다. 죽은 줄로만 알았던 형이 살아있다는 놀라운 소식에 떨리는 마음을 억누르며 연투스가 아르키메데스와 함께 돌아왔다.

"믿기 힘든 일이었지만 선생님께서 말씀하시니 너희를 믿겠다. 이 이후의 일은 모두 선생님께서 알아서 해 주십시오. 저는 물러가 있겠습니다."

연투스는 조용히 방을 나갔다. 아르키메데스는 주위에 있던 사람들을 밖으로 나가게 하고, 아이들에게 조용히 이야기를 시작했다.

"이곳 성주에게는 두 아들이 있었다. 형이 라쿠스고 동생이 지금 연투스 성주지. 몇 년 전 세상을 떠났지만, 아버지는 나와 둘도 없는 친구였고…….”

아이들은 조용히 아르키메데스의 이야기에 귀를 기울였다.

"원래는 아버지의 뒤를 이어서 형 라쿠스가 이 성을 다스렸지. 라쿠스는 어렸을 때부터 워낙 무예 실력도 좋았고, 훌륭한 성주가 될 자질을 가지고 있었단다. 그리고 성주가 되어서도 백성들을 잘 지도했어. 하지만 갑자기 마법과 마술에 관심을 갖게 되었지. 어릴 때부터 좋아하긴 했지만, 성주가 되어서 그렇게 깊이 빠져들지 몰랐다."

아르키메데스는 잠시 말을 멈췄다. 여러 생각이 떠오르는 듯했다.

"처음엔 마법을 하며 성을 잘 다스렸단다. 자신만의 색깔을 가진 정원도 만들고 지하 시설도 만들며, 병사들도 더욱 양성하고 모든 게 좋았지. 그러던 어느 날, 갑자기 어떤 문제를 해결한다면서 방에서 며칠을 나오지 않는 거야. 말수도 없어지고 우울해 하며 무기력해지고 시름시름 앓게 됐어. 의사가 치료해도 원인을 찾을 수가 없었지. 그리곤 자신을 죽은 것처럼 해서 동생에게 성주 자리를 물려주었지. 라쿠스는 그렇게 죽어가듯이 아파했고, 아버지는 그런 라쿠스를 그대로 두고 볼 수 없었단다."

"그럼 지금도 라쿠스님이 살아 계세요?"

아르키메데스가 말없이 고개를 끄덕였다.

"너희가 찾는 마법의 문제와 라쿠스를 힘들게 한 문제가 연관이 있는 게 분명해 보인다. 죽은 내 친구의 마지막 걱정거리였는데……. 얘들아, 라쿠스에게로 같이 가 보지 않겠느냐?"
"예, 함께 갈게요."
아르키메데스는 로마군에 대항할 무기 제작을 계속 완성하라고 지시를 내린 후 아이들과 함께 타고 갈 마차를 연투스에게 부탁했다. 마차가 정문 한편에 준비되었고, 아이들을 태운 마차는 라쿠스의 집을 향해 엄청난 속도로 움직이기 시작했다.

마법 카드의 움직이는 동선이 마법 지도에 그대로 나타나고 있었다.
"정말 빨리 움직이는군. 이 정도 속도라면 마법성 연투스 성주의 말임이 틀림없어."
마법의 지도를 보고 있던 드라버가 혼잣말로 중얼거렸다. 연투스 성주의 말들은 마법 세계까지 소문난 번개말들이었다. 빠르기가 인간계의 다른 말들과 비교할 수가 없었다. 이 번개말까지 타고 움직이는 것이 자신 때문에 고생하는 것 같아 아이들에게 더 고마운 마음이 들었다.
드라버는 아이들과 헤어진 후 마법의 숲으로 들어가 있었다. 마법의 숲은 유난히 바람이 거셌다. 이곳은 옛 스승과 함께 마법을 연마했던 곳으로 힘들었지만 가장 행복했던 장소였다.
마법 스승 밑에는 수제자가 두 명 있었는데, 바로 드라버와 호닉스였다. 그들은 좋은 경쟁 상대이기도 했지만 좋은 친구였다. 드라버는 천성이 착하고 마음이 여리며 소심했다. 반면 호닉스는 리더십이 있지만, 야망이 많고 거칠었다. 스승은 두 제자가 서로의 좋은 점을 반씩만 닮았으면 하고 아쉬워했다.

 스승은 어린 시절부터 드라버와 호닉스에게 공부하는 것을 늘 강조했다. 마법뿐만 아니라 다른 공부도 열심히 해야 한다고 말했다. 그것을 기초로 마법이 더욱 발전할 수 있을 거라고 했다. 그래서 스승은 두 제자에게 과제를 자주 내주었는데, 수학과 과학을 응용한 STEAM 매직인 경우가 많았다. 제자들의 힘으로 해결하라고 하며 어떠한 도움도 주지 않았다. 그럴 땐 드라버와 호닉스는 서로 의견을 물어가며 해결하곤 했다.

 "호닉스, 이것은 이렇게 하는 게 아닐까?"

 "내 생각은 반대야. 난 이렇게 생각해, 드라버."

 건전한 토론과 의견을 교환하며 그들은 스승이 원하는 답을 찾아내곤 했다.

 스승은 특히 마법 훈련을 할 때 매우 엄격하고 진지했다.

 "드라버, 좀 더 잘해야지. 왜 건성으로만 하려고 하는 거야?"

 "죄송합니다, 스승님."

 "그 정도로 해서 어떻게 진정한 마법사가 되겠다는 거야? 호닉스."

 "열심히 하겠습니다."

 스승은 대충 훈련하는 것을 용납하지 않았다. 자기 자신과 제자들에게 철저했다. 하지만 평소에는 무척 인정이 많고 유머러스한 마법사였다.

 호닉스가 몸이 좋지 않다며 훈련에 나오지 않은 지 며칠째 계속 되었다. 그것 때문인지 스승의 표정이 계속 밝지 않았다. 평소 같으면 훈련 중 몇 차례의 농담을 했을 테지만 그날은 유독 얼굴이 굳어 있었다.

드라버는 스승의 기분을 돌리고자 했지만, 스승은 별로 대꾸하지 않았다. 단지 그저 조금 피곤하다면서 일찍 집으로 가서 쉬겠다고만 했다. 무슨 일이 있는지 드라버가 계속 물었지만, 스승은 끝내 대답하지 않았다. 열심히 수련하라고 호통만 칠뿐이었다.

지금 생각해 보면 그때부터 스승은 호닉스의 배신을 눈치채고 있었는지 모를 일이었다. 드라버는 스승이 더욱 생각났다. 드라버의 눈가에 촉촉한 것이 맺혔다.

"스승님, 제가 기필코 구해 내겠습니다."

드라버는 주먹을 불끈 쥐었다. 이 어려움을 극복하고 호닉스가 어딘가에 가둬 놓은 스승을 찾아내려면 자신이 좀 더 강해져야 했다. 바람이 불어왔다. 드라버는 웃통을 벗어 바람과 맞섰다. 뼛속까지 스며드는 매서운 바람, 살을 에는 추위가 느껴졌다.

마법의 기운으로 추위를 이겨내고자 했다. 드라버는 점점 정신을 집중해 갔다. 마법의 에너지가 계속 채워짐을 느낄 수 있었다. 이제 더는 추위가 느껴지지 않았다.

"수리수리 큐리타!"

드라버가 두 손을 모아 마법의 기운을 쏟아냈다. 동그란 동심원 모양의 에너지파가 그를 중심으로 형성됐다. 저 먼 곳의 나뭇잎들은 바람에 흔들렸지만, 드라버 주위는 진공상태처럼 아

 무 움직임도 없었다. 마법의 힘으로 바람을 막아내며 드라버의 몸이 붕 떠올랐다.

 또 다른 마법 세상, 호닉스가 이런 드라버의 모습을 보고 있었다. 마법 구슬에 드라버의 모습이 생생하게 나타났다. 유난히 선명하게 잘 보였다.
 "드라버, 네가 아무리 노력해도 안 될 것이다. 넌 이미 나의 상대가 안 돼."
 그러더니 갑자기 크게 웃기 시작했다. 마법 수련을 마치고 나와 더 강해진 호닉스였다.

"크하하하."

갑작스런 웃음에 난쟁이가 눈을 크게 뜨고 호닉스를 바라봤다. 한참을 보던 난쟁이도 같이 킥킥댔다.

"네, 물론입니다. 크크크크."

"구슬을 보아라. 지난번엔 흐릿하게 잘 보이지 않던 게 아주 깨끗하지 않으냐? 나의 힘이 강해졌다는 증거다."

호닉스의 기분이 유난히 좋아 보였다.

"나의 마법의 힘을 이길 수 있는 이는 아무도 없어. 난 나날이 강해지고 있다."

갑자기 구슬을 향해 손을 뻗었다. 안쪽 구슬에서 빛이 반짝거리고 소리를 내며 불꽃이 튀었다. 그 빛에 호닉스의 얼굴이 보였다. 웃고 있는 호닉스의 얼굴에는 검버섯과 주름이 더 많이 늘어 있었다.

"당연한 말씀입니다. 세계 제일의 마법사는 주군뿐이십니다."

옆에 있던 난쟁이가 호닉스를 치켜세웠다. 난쟁이는 호닉스의 기분을 좋게 하는 재주가 있었다. 호닉스는 손을 뻗어 난쟁이의 머리를 쓰다듬었다.

"자, 이것을 보아라. 나의 새로운 마법이다."

백발의 호닉스는 손으로 휙 바람을 일으켰다. 시끄러웠던 숲 속이 일순간에 정적이 일며 아무 소리도 들리지 않았다.

"음 하하하, 보았느냐?"

"이게 무슨 일입니까? 갑자기 고요해졌습니다."

호닉스와 난쟁이의 목소리만 숲속을 울리고 있었다.

"내가 이곳에 흩어져 있던 소리들을 모두 이곳에 담았다. 자, 여기를 봐라. 이것이 소리 에너지들이다."

호닉스의 손에 탱탱볼과 같은 동그란 공들이 통통 튀고 있었다. 그는 그것을 숙달된 모습으로 손바닥에서 튀겼다. 공들은 손바닥 위에서 요리조리 춤을 췄다. 그리고는 갑자기 두 손으로 그것을 움켜잡더니 입으로 꿀꺽 삼켜 버렸다. 목구멍으로 넘어가는 소리 입자들이 보였다. 뱀이 개구리를 삼키듯, 새가 물고기를 목구멍으로 집어넣듯 목을 타고 구슬이 내려가고 있었다.

"괜찮으십니까?"

"물론이다."

갑자기 땅을 흔들만 한 진동과 함께 엄청난 크기의 목소리가 들렸다. 작게 속삭이는 것 같았으나 들리는 것은 거대한 크기의 소리였다. 난쟁이는 귀를 두 손으로 막았다. 괴롭다는 듯 얼굴을 찌푸리며 머리를 옷 속으로 파묻었다.

"음 하하하."

호닉스가 허리를 뒤로 젖히며 웃었다.

"아이코, 살려주십시오. 고막이 터질 지경입니다."

난쟁이가 귀를 막은 채 소리쳤다.

"크크크."

호닉스가 고개를 끄덕였다. 웃음을 멈추고 허리를 숙였다. 손을 머리 뒤로 잡고 땅에 구역질을 해댔다. 좀 전에 먹었던 소

싸매고 수업 속으로 퐁당!

소리 알아보기

1. 소리를 내고 들어 보기
주변의 소리를 들어 보며 다양한 소리를 느껴 보기
(소리란 물체의 진동이나 기체의 흐름에 의하여 발생하는 파동의 한 종류다.)

2. 소리의 세기와 높낮이

소리의 세기	음파의 진폭이 클수록 소리의 세기가 크다.
소리의 높낮이	음파의 진동수가 클수록 소리의 높이가 높다.

3. 소리 전달하기
소리는 기체, 액체, 고체 등의 여러 가지 물질을 통해 전달된다.

기체	촛불 앞에서 큰북을 치면 소리가 나며 촛불이 흔들린다. (즉, 공기가 없는 진동상태, 우주 공간에서는 소리가 전달되지 않는다.)
액체	물속에서 구슬을 부딪치면, 물속에서도 소리가 전달되어 우리 귀에 잘 들린다.
고체	책상을 귀에 대고 책상을 두들기면 책상을 두들기는 소리가 크게 들린다.

4. 소리 모으기(청진기의 원리)
소리를 모아서 들으면 작은 소리도 잘 들을 수 있다.
(소리 …▶ 소리를 모으는 깔때기 …▶ 소리를 전달하는 고무관 또는 공기 …▶ 귀)

마법성의 비밀

리들이 입으로 다시 튀어나왔다. 여러 개의 구슬이 땅바닥으로 떨어지며 통통 튀고 있었다. 호닉스는 두 손을 들어 바람을 일으켰다.

'휙.'

구슬이 사라지기 시작했다. 조금 전까지 튀고 있던 구슬들이 연기로 변하며 공기 중으로 흩어지는 게 보였다. 뿌연 연기가 사라지며 점점 깨끗해졌다. 그제야 고요했던 숲속의 침묵 상태가 사라지고 여기저기 자연스러운 소리들이 터져 나왔다. 바람이 불고 나뭇잎이 흔들리는 소리가 들렸다.

호닉스는 입가에 미소를 드리우며 한쪽 입꼬리를 올려 씰룩씰룩 웃었다. 그리고는 갑자기 손을 아래로 뻗었다. 유난히 긴 손이 땅바닥에 닿았다. 호닉스는 바닥에 있던 풀을 한 움큼 뜯어 공중으로 던졌다. 풀잎들이 바람에 날리며 흩어졌다.

"자, 보았느냐? 내가 바로 세계 제일의 마법사 호닉스다. 크하하하하."

커다란 웃음소리가 터져 나왔다. 숲속 여기저기서 웃음소리가 메아리치며 다시 돌아왔다. 한동안 계속된 호닉스의 웃음과 난쟁이의 킥킥대는 소리가 묘한 조화를 이뤘다. 기분 나쁜 음산한 기운이 숲속을 가득 채우고 있었다.

공부에 도움이 되는 수학·과학 톺아보기

★톺아보기란?
'자세히 살펴보다'라는 뜻의 순우리말입니다.

1. 아르키메데스는 지레의 원리를 설명하며 자신에게 기다란 막대기와 받침만 주어진다면 그림처럼 지구도 들어올릴 수 있다고 하였다. 이론적으로 가능할지 생각을 써 보세요.

*지레 : 작은 힘으로도 큰 물체를 들어 올릴 수 있는 기구로 받침점을 어디에 두느냐에 따라 무거운 물체를 쉽게 들어 올릴 수 있다.

2. 진공상태나 우주에서는 우리가 말하는 소리가 상대방에게 들리지 않는다. 그 이유는 무엇인가요?

3. 다음을 보고 맞는 말에 동그라미 하세요.

음파의 진폭이 클수록 소리의 세기가 [크고   작고],
음파의 진동수가 클수록 소리의 높이가 [높다   낮다].

가짜 성주 재로니스

성안에서는 재로니스의 계략대로 깜깜한 어둠을 이용해 안티무스를 구출하기 위한 작전이 진행 중이었다.
'자, 지금이다!'
밖에서 불빛이 반짝거리자, 재로니스는 튼튼한 쇠고리로 만든 도르래에 줄을 걸어 성 밖으로 떨어뜨렸다. 줄이 한참을 내려가고 아래에서 세 번 당겨지며 신호가 왔다. 누군가가 줄을 잡았다는 표시였다.
잠시 후 성 위로 한 명씩 낯선 이들이 올라오기 시작했다. 검은 옷을 입은 총 열 명의 안티무스의 사병들이었다. 길 안내는

　재로니스가 맡았다. 고양이로 돌아가 찾아낸 아주 구석지고 후미진 통로, 그리고 인적 없는 계단을 통해 안티무스가 갇혀 있는 방에 도착했다.

　간수 두 명이 재로니스와 일행들을 보고 달려왔지만, 블랙 전갈들이 던진 작은 표창에 모두 쓰러졌다. 재로니스는 쓰러진 병사의 허리춤에서 커다란 열쇠를 꺼내들었다. 그리고 안티무스가 갇혀 있는 방문을 열었다. 안티무스가 인기척에 놀라 눈을 크게 뜨고 그들을 바라봤다. 손은 풀려 있었지만, 여전히 의자에 발이 묶인 그대로였다. 재로니스는 안티무스의 발을 풀어 주었다.

"오, 재로니스 정말로 해냈구나."

"제가 말씀드리지 않았습니까? 곧 다시 오겠다고요."

재로니스가 의기양양하게 거들먹거렸다.

"그래, 정말 고맙다. 이제 어떡하면 되겠느냐?"

"주인님, 빨리 나가셔야 합니다. 이곳에 오래 있으면 안전하지 못합니다. 곧 적들이 눈치챌 것입니다."

곁에 있던 블랙 전갈이 안티무스에게 말했다.

"그래, 그래야겠지. 얼른 가자꾸나."

안티무스가 블랙 전갈의 부축을 받으며 밖으로 나갔다. 의자에 오래 묶여서인지 다리가 후들거리며 휘청거렸다.

"아! 그런데 이 아이들은 어디에 있느냐? 그놈들도 같이 데려가야 하지 않겠느냐?"

안티무스가 말했다. 하지만 아이들은 지금 아르키메데스와 함께 마차에 올라 형 라쿠스에게 가 버린 상태였다.

"지금 아이들은 이 성에 없습니다. 잠시 밖으로 나간 것 같습니다."

재로니스가 답했다.

"정말이냐? 그럼 그 녀석들을 포기해야 한단 말이냐?"

재로니스도 어떻게 해야 할지 몰라 고민이 되었다. 재로니스가 인간계에 온 목적은 아이들이 마법의 문제를 푸는 것을 방해하기 위해서였다. 만약 이 일을 실패하고 돌아간다면 호닉스로부터 마법 세상에서 쫓겨날지도 몰랐다. 재로니스가 잠시 고민하더니 꾀를 내었다.

"주인님, 우리가 갈 땐 가더라도 여기 성주에게 복수는 해야 하지 않겠습니까? 주인님께서 당한 수모를 생각해 보십시오."

재로니스가 안티무스의 화를 북돋웠다.

"그렇지. 내가 그걸 생각하면…… 이 자국을 봐라. 며칠 동안 의자에 묶여 있지 않았느냐? 성질 같아서는 지금 당장이라도."

안티무스가 발을 보여 주자 발목에 밧줄 자국이 선명하게 드러났다. 안티무스는 얼굴이 붉으락푸르락해졌다.

"너무 위험할 수 있습니다. 여기 연투스성의 정규군들의 실력은 주위에서 당할 자가 없습니다. 저희의 힘으로는 숫자에서도 밀리고 역부족입니다."

"왜 로마군들은 오지 않았지? 우리를 도와주지 못한다고 했나?"

"아무래도 우리를 도와주게 되면 그쪽의 병력이 비게 돼 주저하는 것 같았습니다. 일단 그곳이 안정된 후에 다른 일을 도모하자고 하였습니다."

일리 있는 말이었다. 안정되지 않은 곳을 비우고 다른 곳으로 병력을 옮길 수 없는 일이었다.

"그럼 이렇게 하시지요, 주인님. 저에게 아주 좋은 수가 있습니다."

재로니스가 빙그레 웃으며 귓속말로 안티무스에게 무언가를 속삭였다.

"정말이냐? 30분 안에 그것이 가능하다는 것이냐?"

"물론입니다. 제가 이야기했지 않습니까? 주인님은 저만 믿으시면 됩니다. 제 주특기가 바로 변신입니다."

"그래, 좋다. 정말 대단한 재주를 가졌구나. 네 말대로만 된다면 무엇이 어렵겠느냐? 미래에서 온 아이들을 잡고 일확천금을 벌 수도 있다는 거지."

안티무스가 무언가를 결심한 듯 고개를 끄덕였다. 그리고 곧바로 블랙 전갈들에게 명령을 내렸다.

"지금부터 재로니스가 연투스 성주의 방으로 가서 연투스 성주를 잠들게 할 것이다. 그럼 우리는 열린 연투스 성주의 방으로 몰래 침입해 연투스 성주를 잡는다. 만약 재로니스가 30분 안에 오지 않으면 우리는 그냥 이곳을 빠져나간다. 작전이 성공하면 잡힌 연투스 성주를 인질로 아이들을 데리고 이곳을 빠져나갈 것이다."

몇몇 블랙 전갈들이 반대 입장을 말했지만, 안티무스의 단호한 명령에 고개를 숙였다.

재로니스는 그곳을 빠져나와 아무도 보이지 않는 곳에서 독충으로 변신했다. 그리고 성주의 방으로 몰래 침입해 들어갔다. 성주는 침대에서 깊이 잠들어 있었다.

"자, 이 정도면 죽지 않고 기절할 정도는 되겠군."

재로니스는 성주의 목덜미로 살금살금 기어가서 깨물었다. 약한 독에 쏘인 연투스 성주는 독이 퍼지며 바로 기절했다. 재로니스는 다시 사람으로 변신해 안티무스와 블랙 전갈들을 아무도 모르게 방으로 불러들였다. 성주의 방에 무혈입성한 안티무스는 잠들어 있는 성주를 먼저 의자에 묶었다. 그리고 당했던 그대로 입과 손발을 묶어서 보이지 않는 곳에 숨겼다. 안티무스와 블랙 전갈들도 문 뒤 보이지 않는 곳에 숨었다.

그리고 마지막으로 재로니스의 한 수, 재로니스가 가짜 연투스 성주로 변신해 연투스의 침대로 들어갔다. 그렇게 하룻밤이 지나갔다.

아침이 되자 가짜 성주 재로니스는 아무렇지도 않게 성주 행세를 했다. 늘 그랬던 대로 아침 식사가 준비되었다. 성주라고 하면 으리으리한 밥상, 특히 자신이 좋아하는 고기나 생선이 많이 있을 것이라고 생각했지만, 밥상에는 채소만 가득했다. 요즘 많이 신경을 쓴 터라 배도 고프고 허기가 져서 예민해진 재로니스는 자신도 모르게 투덜거렸다.

"반찬이 왜 이래. 고기나 생선도 없고 말이야."

"네? 그럼 고기나 생선을 더 준비할까요?"

아침상을 준비한 하인이 고개를 숙였다.

"그럴 수 있겠나? 그럼 어서 만들어 오라. 이왕이면 덜 익힌 채로 말이다."

"네? 네, 성주님."

하인은 고개를 갸웃거리며 돌아갔다.

"성주님이 얼마 전부터 배탈로 특별한 지침이 있을 때까지는 고기와 생선을 올리지 말라고 하셨는데, 벌써 괜찮아지셨나?"

"그러게. 그나저나 일단 빨리 만들기나 하세."

음식을 준비하는 하인 둘이서 이야기를 주고받았다. 재로니스가 좋아하는 고기와 생선이 준비되었다. 오랜만에 먹어 보는 진수성찬. 특히 좋아하는 고기와 생선을 남김없이 모두 먹어치웠다. 평소 연투스 성주의 식성과는 많이 다른 것이었다. 식사를 마치자 집사와 하인 둘이 아침 문안을 여쭈기 위해 방으로 들어왔다.

"성주님, 안녕히 주무셨습니까?"

집사는 허리를 90도로 숙여 예를 표했다.

"음, 그래 잘 잤다."

집사는 자연스럽게 옆에 있는 응접실에 가서 차를 준비하기 시작했다. 연투스 성주는 식사를 마치고 그곳에서 집사와 간단하게 차를 마시는 것이 일상이었다. 차를 마시며 그날 일정을 확인하고 특별히 지시해야 할 일들을 말하곤 했다. 그리곤 그동안 하인 둘은 연투스 성주의 침대를 깨끗이 하고 침구류를 정리하였다. 늘 깨끗한 것을 좋아하는 연투스 성주의 방에서 있는 의례적인 일과였다. 하지만 가짜 연투스 재로니스가 그것을 알 리 없었다.

"집사 거기서 무엇을 하는 거야?"

차를 준비하는 집사를 보고 가짜 성주 재로니스가 말했다.

"성주님, 오늘은 차를 드시지 않으시겠습니까?"

"아, 차? 먹어야지."

재로니스가 어색한 웃음을 보이며 집사 옆으로 앉았다. 집사가 주전자를 들어 정중하게 연투스에게 따랐다. 연투스는 고개를 끄덕이고 차를 마셨다. 하지만 집사가 보기엔 평소 연투스 성주의 행동과 달리 부자연스러웠다. 눈썰미 좋은 집사가 그것을 놓칠 리 없었다.

잠시 침묵이 흘렀다. 가짜 성주 재로니스는 집사를 보고 어색한 웃음을 지었다. 집사도 눈짓으로 응대했다. 그때 청소하던 하인이 성주에게 말했다.

"성주님, 간밤에 불편하지는 않으셨습니까? 이상하게 침대에 동물털이 많이 묻어 있습니다."

"동물털이라니?"

가짜 성주 재로니스가 흠칫 놀랐다.

"여기 고양이털 같은 게 많이 묻어 있습니다. 혹시 많이 간지럽지는 않으셨습니까?"

"아, 그거? 어젯밤에 고양이를 데리고 잤더니……."

"고양이들요, 성주님?"

집사가 놀라며 되물었다.

"응. 어젯밤에 잠도 안 오고 심심해서 말이야. 고양이를 가져다 달라고 했지."

가짜 성주 재로니스가 둘러댔다.

"네, 그러셨군요. 성주님, 저에게 말씀하시지 그러셨습니까?"

"아, 집사는 바쁘지 않나? 그냥 아랫것들에게 시키면 되는 것을 굳이 집사까지 부르겠나?"

"네, 감사합니다. 주군의 은혜는 늘 하늘과 같으십니다."

집사가 고개를 숙였다.

"아, 그나저나 아이들은 언제 오기로 되어 있나?"

 가짜 성주 재로니스가 거들먹거리듯 물었다.
 "네, 그것은 아직 모르겠습니다. 아르키메데스 선생님께서 데리고 나가셨으니 일이 잘 마무리되면 오시겠지요."
 "그래? 빨리 좀 들어오라고 했으면 좋겠는데, 내가 긴히 할 말도 있고 말이야. 무슨 연락할 방법이 없겠나?"
 재로니스가 말했다. 더 늦기 전에 아이들을 빨리 데리고 와서 처리하려는 생각이었다.
 "그러시면 봉화를 피우겠습니다. 흰색 연기와 파란색 연기를 올리지요. 그걸 보시면 성주님께서 찾고 계시다는 것을 아실 테니까요?"

"오, 그렇지. 그럼 빨리 흰색과 파란색 연기를 피워 봐. 오늘 중으로 들어올 수 있게……."

"네, 성주님 분부대로 하겠습니다. 그럼 저는 이만 물러가겠습니다."

집사는 성주의 방에서 뒷걸음질 치며 나왔다. 그리곤 옆에 있던 하인을 나직이 불렀다.

"지금 성주님이 이상하다. 아무래도 무언가 잘못되어 있는 게 틀림없어. 너희는 성주님께서 어떤 행동을 하시는지 지금부터 낱낱이 보고하도록 해라."

"네?"

"지금 계시는 성주님이 진짜 성주님이 아닐 수 있다는 거다. 아부에게도 말하지 말고, 일단 지켜보면서 특이 사항이 있으면 나에게 보고해라."

"네, 알겠습니다!"

하인이 고개를 숙였다. 집사는 눈을 감고 조금 전 상황을 떠올리고 있었다. 차를 마시는 모습도 물론 이상했거니와 연투스 성주가 가장 싫어하는 동물이 성안에서 여기저기 돌아다니는 고양이였다. 또한 흰색과 파란색 연기는 성이 함락되거나 침략받는 긴급 상황을 알리는 봉화였다. 모든 것이 평상시 성주의 말과 행동과는 전혀 다른 이상한 것들이었다. 집사는 미간을 잔뜩 찌푸린 채 고민에 빠졌다.

'분명 무언가 잘못돼 있어. 성주님이 가짜임에 분명해.'

집사는 성안 곳곳을 꼼꼼하게 살펴보기 시작했다. 그리고 성주의 방을 감시하는 하인들을 추가로 배치하고, 성 꼭대기로 올라가서 위험을 알리는 봉화를 올렸다. 성 밖의 아르키메데스 일행이 볼 수 있도록 하기 위한 조치였다. 하지만 재로니스는 집사의 이런 의심을 전혀 알 리가 없었다.

공부에 도움이 되는 수학·과학 톺아보기

★톺아보기란?
'자세히 살펴보다'라는 뜻의 순우리말입니다.

1. 옛날 사람들은 통신수단으로 봉화와 파발 등을 운영했다. 어떤 상황에서 각각 사용되었는지 쓰시오.

   ❶ 봉화가 사용될 때

   ❷ 파발이 사용될 때

2. 오늘날의 통신수단은 무엇이 있는지 옛날 통신수단과 비교하여 설명해 보세요.

3. 아래 그림은 '힘의 크기는 그대로이나 힘의 방향을 바꾸어 주어 물체를 움직이는데 편리하게 해 주는 도구'이다. 이 도구의 이름은 무엇이고, 우리 주변 어디에서 사용되는지 쓰세요.

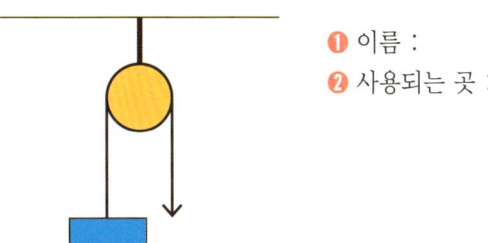

❶ 이름 :
❷ 사용되는 곳 :

* 위와 비슷한 도구로 물체의 힘을 줄여 주는 움직도르래도 있답니다.
그 원리를 알아보고 어떻게 사용되는지 조사해 보세요.

세 번째 문제를 만나다

아르키메데스와 아이들을 태운 번개말은 엄청난 속도로 라쿠스의 거처로 달렸다. 라쿠스의 집은 마법성에서 얼마간의 거리가 있는 곳으로 여기저기 좁은 산길을 돌아서 갈 수 있었다. 라쿠스와 함께 살고 있던 하인이 아르키메데스 일행을 보고 한걸음에 뛰어나와 얼굴을 땅에 묻고 아르키메데스에게 예를 표했다. 하인은 먼발치에서 말발굽 소리를 듣고 혹시나 하는 마음에 기다리고 있었다고 했다.

하인은 일행을 방으로 안내했다. 집은 생각보다 초라했다. 전임 성주가 사는 집이라고 전혀 생각할 수 없을 정도로 변변한

살림살이 하나 없었다. 라쿠스는 아침에 낚시를 나가서 점심이 지나도록 아직 돌아오지 않고 있다고 말했다.

"주인님이 오시긴 할 텐데, 그게 일정하지가 않습니다. 기다리게 하여 죄송합니다, 어르신."

"아니다. 요즘 라쿠스는 어떻게 지내는가?"

"그냥 농사지으시고 낚시하시면서 시간을 보내십니다."

하인이 슬픈 얼굴로 대답했다.

"그래? 마법은 하지 않는가?"

"네. 전혀 마법 생각을 하시지 않는 듯합니다. 한참 됐습니다."

한참을 기다려도 라쿠스는 돌아오지 않았다. 지루해진 아이늘은 마당으로 나왔다. 여러 가지 채소와 나무들이 텃밭과 집 앞 곳곳에서 자라고 있었다. 조그만 땅을 일구어 먹을 것을 직접 재배하는 모습이 인상적이었다.

"와, 저거 맛있을 것 같다."

찬혁이가 말했다. 큰 나무에 처음 보는 열매가 주렁주렁 매달려 있었다. 유난히 동그랗고 길쭉한 기둥 모습의 줄기가 눈에 띄었다. 또 나무 줄기 곁면을 따라 가느다란 덩굴이 감싸고 올라가는 것도 보였다.

"저런 나무를 자르면 원기둥이 되겠지?"

"그렇지. 옆면이 둥그런 모양이고 위아래는 원이니까 원기둥이 되는 거지. 겨냥도와 전개도를 그리면 이런 모습이 될 거야."

재민이가 쓱쓱 바닥에 그림을 그렸다.

"와, 엄청 빨리 그리는데?"

"내가 수학을 잘하진 못해도 좋아하잖아."

재민이가 고개를 쳐들며 우쭐거렸다.

"겨냥도는 겉에서 속을 보이게 하는 그림이니까 보이는 쪽은 실선, 안 보이는 쪽은 점선으로 그리면 돼. 그리고 전개도는 그 겨냥도를 가위로 오려서 쫙악 펼쳐놓았다고 생각하면 되지. 그래서 이런 모양이 되는 거야."

"그런데 원기둥은 위와 아래의 원이 모두 똑같은 크기여야 되지?"

"물론이야. 모양과 크기가 같은 합동이어야 기둥이 되는 거야. 그리고 한 가지 중요한 건 원의 둘레와 옆면의 가로길이가

같아야만 해. 그래야 정확하게 만들어지는 기둥이 되겠지."

아이들은 고개를 끄덕였다.

"좀 더 말하자면 밑면의 모습에 따라 기둥의 이름이 붙게 돼. 밑면이 원일 때 원기둥이라 하는 것처럼 각기둥일 때도 그렇지. 위아래 모습이 똑같은 삼각형이면 삼각기둥, 사각형이면 사각기둥, 오각형이면 오각기둥. 이렇게 밑면에 따라 기둥의 이름들이 달라져."

재민이가 자세하게 설명을 해 주었다.

"그럼 저 나무에서 넝쿨이 올라가는 모습을 전개도에 그린다면 어떻게 될까?"

세라가 무언가를 생각하다 묻자, 옆에서 듣고 있던 찬혁이가 말했다.

"당연히 빙글빙글 돌아가는데 옆면에 이렇게 그려지지 않을까?"

찬혁이가 바닥에 손으로 그림을 그렸다. 둥그렇게 옆면을 타고 올라가는 모습이었다.

"글쎄, 내 생각엔 직선으로 갈 것 같아. 원기둥 전개도를 쫘악 펼쳐 보면 이렇게 직선거리로 가게 될 것 같은데."

재민이가 찬혁이의 말을 듣고 말했다.

"에이, 옆에서 이렇게 둥그렇게 올라가는 데 당연히 둥그렇게 올라가겠지. 어떻게 반듯하게 가냐?"

"이건 겨냥도니까 둥그렇게 보이는 거고, 전개도로 펼쳐 보면 직선이 되지 않을까?"

"진짜 그럴까? 그럼 내가 가서 확인해 본다."

찬혁이가 고개를 갸우뚱하더니 뛰어가서 넝쿨을 만져 보기 시작했다. 나무를 잘라보지 못해서 확실치는 않았지만, 재민이 생각이 맞는 것 같았다. 겉으로 보기엔 둥그렇게 올라가는 것 같지만 전개도를 오려서 그려 보면 직선으로 올라가는 모습이었다.

"아하!"

찬혁이는 직접 만져 보니 이해가 더 잘 되었다. 수학은 어렵다고만 생각했는데, 이렇게 직접 만지고 관찰하니 수학 공부도 재미있다는 생각이 들었다.

원기둥 알아보기

1. **원기둥이란?**
    위아래 면의 크기가 똑같은 원으로 이루어진 기둥 모양의 도형

2. **원기둥의 구성요소**
    ① 옆면 : 원기둥에서 옆을 둘러싼 굽은 면
    ② 밑면 : 위아래에 있는 서로 평행하고 합동인 두 면
    ③ 높이 : 두 밑면에 수직인 선분의 길이

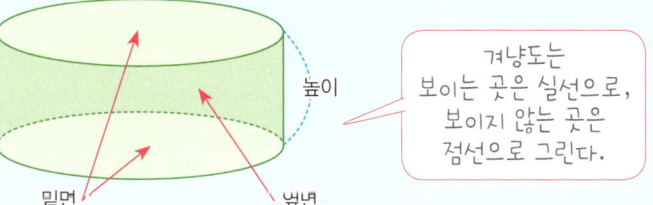

겨냥도는
보이는 곳은 실선으로,
보이지 않는 곳은
점선으로 그린다.

3. **원기둥의 전개도**
    원기둥을 잘라서 평면으로 펼쳤을 때의 그림으로 아래의 경우 원기둥의 전개도가 되지 않는다.

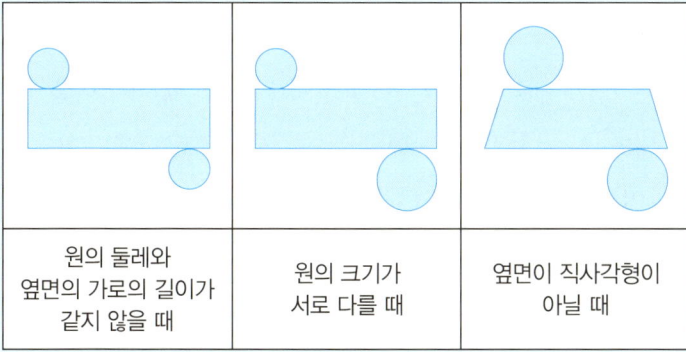

| 원의 둘레와 옆면의 가로의 길이가 같지 않을 때 | 원의 크기가 서로 다를 때 | 옆면이 직사각형이 아닐 때 |

"앗, 저분이 라쿠스님인가 봐?"

라쿠스가 돌아오고 있었다. 연투스 성주보다 큰 체격에 검게 그을린 얼굴, 밀짚모자에 허름한 옷차림 그리고 손에 들린 낚싯대까지 영락없는 시골 아저씨의 모습이었다.

라쿠스는 아르키메데스를 보자 깜짝 놀라며 무척 반가워했다. 고개를 숙여 두 손으로 아르키메데스의 손을 잡고 입을 맞췄다. 서 있는 상태로 진한 포옹을 한 후 아르키메데스와 라쿠스, 아이들은 방 안에 둘러앉았다.

"그래, 요즘 어떻게 지내느냐?"

아르키메데스가 말을 꺼냈다.

"생활에 아주 만족합니다. 농사짓고, 물고기도 잡고, 약초를 캐며 산속에서 살아가는 게 너무 좋습니다."

"건강은 어떠하냐?"

"네, 많이 좋아져서 그럭저럭 괜찮습니다. 그런데 이 어린 손님들은 누구죠? 아까 마당에서부터 궁금했었는데……."

라쿠스가 아이들을 쳐다보았다.

"아, 소개가 늦었구나. 사실은 이 아이들 때문에 너를 찾아오게 되었다. 너희가 아는 대로 이야기해 보아라."

아이들은 간단하게 인사를 하고 그간의 사정을 이야기했다. 라쿠스는 매우 흥미롭게 이야기를 들었다. 미래에서 왔다고 할 땐 눈이 엄청 커졌다. 눈을 마주치고 고개를 여러 번 끄덕이며 아이들을 바라봤다. 아이들의 긴 이야기가 끝이 났다.

"그래서 너희가 찾는 게 마법사의 그림과 문제라는 거지? 마법성 밖에서 한 문제를 찾았다는 거고?"

"네, 마법성 밖 바위에 그려져 있던 보름달 안의 다이아몬드를 찾는 문제가 바로 마법의 문제였어요. 그리고 그게 바로 마법성의 설계 모양과 비슷했어요. 보름달 안의 다이아몬드, 그리고 그 안의 작은 사각형과 계속되는 작은 사각형들."

"맞다 바로 그거지. 마법성의 모습이 바로 그런 모양이야. 나도 성주일 때 그 돌을 바라보며 계속 생각은 했었단다."

"그리고 이게 말씀드렸던 마법 카드예요."

재민이가 마법 카드를 라쿠스에게 보여 주었다. 라쿠스는 놀란 눈빛으로 한참을 유심히 살펴보았다. 그리고 일어나서 벽장 속에서 그림을 꺼내 왔다. 놀랍게도 아이들이 가지고 있는 카드의 마법사 실루엣과 너무도 비슷했다. 그림 속 주인공은 젊은 시절 라쿠스였다.

"내가 한창때 이렇게 다녔지. 마법사 옷을 입고 마을 이곳저곳을 다니며 사람들에게 마술을 보여 주면서 말이야."

라쿠스의 말이 이어졌다.

"그러던 어느 날, 성안을 둘러보다 그림을 그리는 한 노인을 만났어. 노인은 모자를 눌러 쓴 채 의자에 앉아 그림을 그리고 있었지. 그때 그가 내 모습을 그려준 거야. 순식간에 나랑 똑같이 그려 내는 그림 실력에 깜짝 놀랐었지. 그림을 다 그리고 노인이 문제가 적힌 종이를 내밀었어. '이 문제를 풀 수 있겠습니까? 조금 어려울 겁니다.'라며 말이야."

"그 문제가 뭐예요? 지금도 기억이 나세요?"

아이들은 깜짝 놀라 눈이 둥그레졌다.
"물론이지, 아주 생생해."
라쿠스는 고개를 끄덕였다.
"바로 이 문제야. 혹시 이게 너희가 미래로 돌아갈 수 있는 해법인지 모르겠구나."
라쿠스는 문제를 막힘없이 써 내려갔다.

"이 문제를 어떻게 풀어야 할지 골똘히 생각하다 뒤를 보니 노인은 어느새 자리를 떠나고 없었지. 난 그때 스스로 똑똑하다고 자부했어. 당연히 풀 수 있을 거로 생각했지. 하지만, 난 문제를 풀지 못했다."
"그럼 그 이후로 문제를 푼 사람은 있어요? 정답도 모르는 거예요?"

"응, 많은 사람에게 물어봤지만, 아직 누구도 알아내지 못했지. 그래서 아직 정확한 답을 아무도 모른단다."

아르키메데스도 한숨을 내쉬었다.

'두 개의 숫자를 골라라. 큰 것에서 작은 것을 빼라. 답은 항상 똑같다. 이게 과연 무슨 말일까?'

아이들은 속으로 되뇌었다.

"이 문제가 풀리지 않으면서 난 이상하게 모든 게 잘되지 않았어. 성주도 그만두고 마법에 몰두했지만, 이 문제 생각이 머릿속에서 떠나가지 않았지. 문제를 풀려고 하면 할수록 이상하게 꼬여만 갔어. 마법도 시들해지고 모든 게 무기력해졌지. 문제를 풀면 풀수록, 에너지를 쏟으면 쏟을수록 점점 내 몸과 마음은 힘들어졌어."

라쿠스가 말했다. '그래서 이제는 완전히 손을 놓고 있지만'이라는 말이 입 밖으로 나오려는 것을 꾹 참고 하지 않았다.

'두 개의 숫자를 골라 두 자리 수를 만들어, 큰 것에서 작은 것을 빼기?'

라쿠스의 말을 듣고 아이들은 힘을 합해 문제를 풀고자 했다. 서로의 생각을 모으기 시작했다.

"두 자리 수라면 십의 자리 수를 말하는 것이겠지?"

재민이가 말했다.

"응."

아이들이 고개를 끄덕였다.

"그냥 여기 쓰인 숫자를 빼면 어떻게 돼?"

"85-27-45=13이 나오고, 91-72-45=-26. 어? 답이 같지 않아. 하나는 13, 하나는 음수야."

주산을 배운 세라는 암산으로 얼른 계산되었다. 동진이가 숫자를 찬찬히 다시 살펴보며 말했다.

85-27-45-?
91-72-45-?
74-26-36-27-45-?
62-36-27-45-?

"여기 숫자들을 보면 특이한 게 있어요. 45 앞자리 수는 27과 72, 또 36 앞자리 수는 26과 62예요. 십의 자리와 일의 자리 숫자만 서로 바뀌어 있죠."

동진이가 아르키메데스에게 말했다.

"맞아. 그리고 맨 앞의 숫자는 다르지만, 뒤로 가면 숫자가 비슷해지지. 일정한 패턴처럼……."

아르키메데스는 알고 있다는 듯 고개를 끄덕이며 답했다.

"그럼 숫자 두 개로 두 자리 수를 만들고, 큰 수에서 작은 수를 빼면 어떻게 될까요?"

"무슨 말이지?"

세라가 말했고, 아르키메데스가 다시 물었다.

"8과 5라면 85와 58을 만들어 그것을 빼는 거죠. 그럼 27이 나오는데, 음……."

무언가 생각이 날 듯 말 듯 했지만 명확하게 풀리지는 않았다. 하지만 서로 이야기하면서 조금씩 실마리가 잡히는 것도 같았다.

'늘 똑같은 답이 나오는 수? 매직메스학파의 유물을 찾을 때 정답이 9였어. 그때도 어떤 수를 곱하더라도 나중에 더하면 똑같은 수가 된다고 했었는데……'

가만히 듣고 있던 재민이는 아이들과 함께했던 숲속 모험이 떠올랐다.

'수수께끼처럼 생각해야 해. 늘 똑같아지는 답과 항상 원래대로 되돌아오는 것의 의미는 비슷한데……. 혹시 그때 답과 관련이 있지는 않을까?'

새빈이의 생각이 계속 멈추지 않고 이어졌다.

'세라가 말한 대로 6과 3을 이용해서 큰 수 63과 작은 수 36을 만들고, 63에서 36을 빼면 27이 되는구나. 그럼 또 2와 7을 이용해서 큰 수 72와 작은 수 27을 만들고, 72에서 27을 빼면. 아, 45가 나오는구나.'

놀랍게도 머릿속 계산이 앞에 있는 숫자와 일치해 나갔다. 이제 마지막 숫자만 남았다.

'4와 5, 4와 5를 이용하면 54와 45를 만들고, 이것을 빼면 9가 나온다. 9는 더 이상 계산할 수 없다. 정말 답이 9인가? 다른 수로도 계산해 봐야겠어.'

앞에 있는 다른 수들을 살펴봤다.

'85라면 8과 5. 그렇다면 85-58=27, 27이라면 2와 7……

그렇다면 72-27=45.'

쓰인 수와 정확히 일치했다.

'45라면 4와 5, 그렇다면 54-45=9.'

9라는 재민이의 생각은 맞았다. 다른 수를 계산해도 모두 9가 나왔다.

"애들아, 나 답을 알아낸 것 같아."

떨리는 목소리로 재민이가 말했다.

"정말?"

아이들이 깜짝 놀라 되물었다. 재민이는 답이 9라고 하며 아이들에게 설명했다.

아이들은 재민이의 말을 경청했다. 잡힐 듯 잡힐 듯 헷갈렸던 부분이 확실해졌다. 재민이의 말대로 하자 정말로 두 자리의 모든 수 뺄셈이 9로 돌아갔다. 여러 가지 수로 계산해 보아도 똑같았다. 서로 다른 두 개의 숫자로 큰 수와 작은 수를 만들어 그것을 서로 빼 나가면 결국에 나오는 답은 항상 9였다.

옆에서 듣고 있던 라쿠스와 아르키메데스는 깜짝 놀랐다. 못 믿겠다는 듯이 서로 얼굴을 쳐다보았다. 수년간 풀지 못했던 비밀을 처음 보는 아이들이 해결한 것이다. 아르키메데스는 정말 9라는 답이 맞는지 바닥에 수를 써 가며 여러 번 반복해서 계산해 보았다. 그리고 답을 확신하며 외마디 소리를 뱉었다.

"아!"

놀라움과 찬사가 그 속에 담겨 있었다.

라쿠스는 마음이 홀가분해졌다. 답답했던 마음이 시원하게 뻥 뚫리는 느낌이 들었다. 답을 쓰고 카드를 그림에 대자, 카드에 불빛이 반짝거리며 노인이 그려준 자신의 조상화가 불에 타기 시작했다.

라쿠스는 자신을 사로잡고 있던 마법의 힘으로부터 해방된 것을 알았다. 지금까지 그를 옥죄던 문제의 사슬, 마법의 저주에서 드디어 벗어나는 순간이었다. 마법에서 풀린 라쿠스는 아이들에게 고마움을 표했고, 라쿠스의 청으로 아이들은 아르키메데스와 그곳에서 함께 하룻밤을 묵게 되었다.

아침이 되어 저 멀리 마법성에서 연기가 피어오르는 것이 보였다. 파란색과 흰색 연기, 성에 아주 위급한 일이 있음을 알리는 신호였다. 마당에 나와 그것을 발견한 라쿠스는 깜짝 놀랐다. 적들의 침입이나 공격은 가능성이 적었다. 견고한 성인 마법성이 하룻밤 사이에 로마군의 침공을 받거나 위험에 처할 일은 생각할 수 없었다. 자신의 집을 지나지 않고는 마법성으로 향하는 길목으로 들어갈 수 없기 때문이기도 했다.

'적의 공격이 아니라면? 내부의 반란, 쿠데타?'

라쿠스는 계속 생각했지만, 어떤 상황일지 도무지 가늠할 수가 없었다.

"혹시 동생에게 무슨 일이 있는 것은 아니겠지요?"

어젯밤 마법의 저주에서 풀려난 라쿠스가 아르키메데스에게 말했다. 라쿠스의 표정이 180도로 바뀌어 있었다. 저주에 걸리기 전 성을 호령했던 예전의 멋진 성주로 돌아와 있었다.

"대부님, 일단 연투스에게 무슨 일이 생긴 것은 아닌지 어서 들어가 봐야 할 것 같습니다. 미궁 속 비밀 통로로 들어가서 무슨 일이 있는지 확인하겠습니다."

라쿠스는 하인에게 귓속말로 누군가를 부르라고 지시했다. 마을에는 라쿠스와 목숨을 함께 하기로 다짐했던 충성스러운 군사 다섯 명이 라쿠스와 함께 낙향하여 살고 있었다. 라쿠스의 아픔이 주인을 충성스럽게 모시지 못한 자신들의 탓이라며 자책하던 그들은 옛 주군의 부름에 모두 한걸음에 달려왔다.

라쿠스는 그들이 모두 모이자 벽장 속에서 검을 꺼냈다. 검을 바라보는 그의 눈빛이 반짝거렸다. 한때 마법성 최고의 검술가라는 평을 받던 그였다.

라쿠스와 군사들을 따라 아르키메데스와 아이들은 마차를 타고 어디론가 향했다. 라쿠스는 미궁으로 통하는 길을 찾는다고 했다. 성을 중심으로 동서남북 네 지점과 그 중간 지점에 총 여덟 개의 비밀 통로가 있었다. 그 통로를 이용하여 성안으로 출입할 수 있도록 라쿠스가 성주 시절 설계하고 만들어 놓은 거였다.

라쿠스는 성이 보이는 평지로 갔다. 나무가 울창하게 우거진 곳으로 내려가니 바닥에 문이 하나 보였다. 그것을 들어 올리자 아래로 내려가는 계단이 보이고, 계단을 한 칸 한 칸 내려가자 폭이 2m 정도 되는 길이 나왔다.

"자, 이제 이곳을 따라가면 성의 지하 미궁과 연결된다."

"미궁이요? 저희가 그곳에 빠졌었는데, 미궁에 빠지면 나올 수 있나요?"

"걱정 말아라. 우린 비밀 통로로 가게 되니……."

라구스가 웃으며 걱정하는 아이들을 안심시켰다. 미궁은 라쿠스가 수학적 사고력을 이용하여 성주로 오르자마자 설계하고 만든 첨단 통로였다. 그 안에선 모두가 길을 잃어버릴 수밖에 없었지만, 그와 비밀 요원들은 자신들만이 아는 비밀 통로를 이용하여 미궁을 자유자재로 드나들 수 있었다.

"비밀 통로는 모두 벽에 숨겨져 있다. 그리고 정남쪽에 위치한 바닥의 돌을 옆으로 옮기면 성의 지하 통로가 열리게 되지."

라쿠스는 쭈욱 걸어가다가 약간 튀어나온 곳 바닥의 돌을 옆으로 옮겼다. 그리고 벽을 몸으로 밀자 벽이 문이 되어 열렸다. 미궁의 중앙으로 통하는 반지름의 문이 열린 것이다. 라쿠스는 동그란 미로를 따라가다가 쇠문을 밀었다. 철컹, 미궁의 벽으로만 보였던 곳이 열리며 통로가 생겼다.

"자, 이제 앞으로 500m만 더 걸어가면 성의 정중앙에 도착하게 된다."

신기한 길이었다. 라쿠스가 앞장서고 그 뒤를 군사들과 아이들이 따랐다. 아르키메데스는 숨이 차올라 잠시 멈춰 주변을 둘러보다 다시 아이들의 뒤를 따라갔다.

"자, 여기가 성안의 동심원 정중앙이다. 성 꼭대기와 이 미궁의 중앙이 일직선 상에 위치한다. 이제 성으로 오르는 일만 남았다. 너희가 원해서 같이 오기는 했다만, 정말 나와 같이 갈 수 있겠느냐?"

라쿠스는 고마운 아이들을 돌아보았다. 아이들이 고개를 끄덕였다. 왠지 모를 믿음이 서로에게 있었다. 라쿠스도 아이들을 보며 고개를 끄덕였다.

"이곳을 아는 사람은 나와 나의 심복들뿐이다. 나의 비밀 결사대가 이용했던 곳, 이제부터가 진짜 비밀 통로다."

라쿠스는 갑자기 위쪽을 툭툭 쳤다. 쇳소리가 났다.

"여기군."

라쿠스는 천장에 손을 대고 무언가를 잡아당겼다. 철컹하는 소리와 함께 문이 아래로 열렸다. 이것을 밟고 천장으로 올라갈 수 있도록 문에는 계단 역할의 받침들이 붙어 있었다.

마법성 꼭대기로 올라가는 가장 비밀스러운 길, 외곽의 동서남북 여덟 개의 문, 미궁, 미궁의 정중앙과 연결된 통로. 그리고 정중앙에서 성안으로 올라가는 비밀 천장까지 놀라움의 연속이었다.

"자, 모두 발을 조심하거라."

라쿠스는 순식간에 계단을 통해 위로 올라갔다. 아이들도 숨죽여 그의 뒤를 따랐다. 미궁의 천장 위로 올라와 한참을 빙글빙글 돌며 올라갔지만, 라쿠스는 힘들어하는 기색이 전혀 없었다. 마법의 저주가 풀리며 천하를 호령하던 패기만만한 최강의 마법 성주 라쿠스로 돌아가 있었다. 아르키메데스는 그의 모습을 보며 자신과 가장 가까웠던 친구, 먼저 세상을 떠난 라쿠스의 아버지가 생각나 갑자기 눈물이 핑 돌았다.

수백 개의 계단을 오른 후 드디어 꼭대기에 도착했다.

"바로 이 문을 열면 성주의 방과 연결된 통로가 나오지. 일단 빨리 가서 연투스가 무사한지 봐야겠어."

문을 열었다. 봉보 저편에 성주의 방으로 통하는 비밀 문이 보였다. 라쿠스가 주저함 없이 검의 손잡이에 손을 댄 채 그대로 미끄러지듯 그곳으로 향했고, 다섯 명의 군사도 같은 모습으로 그 뒤를 따랐다.

성주의 방문 앞에서 라쿠스가 문에 귀를 대며 조용히 방 안의 소리를 들었다. 그는 혹시 모를 상황을 대비해 탈출 통로를 확보하라고 지시를 한 후 방문을 살며시 열었다. 끼익, 문이 조용하게 열리고 침대 옆에 앉아 있던 가짜 성주 재로니스와 눈이 마주쳤다.

"연투스, 괜찮으냐?"

라쿠스가 반가워하며 다급히 말했다.

"누, 누구냐?"

라쿠스를 보고 연투스가 깜짝 놀라며 소리쳤다.
'누 누구? 형인 나를 몰라본단 말인가?'
라쿠스의 흔들린 눈빛을 본 재로니스는 그 순간 아차 싶었다. 깜짝 놀라 얼떨결에 말했지만, 연투스 성주와 많이 닮은 얼굴이었다.
"아, 어서 오십시오."
재로니스는 또다시 엉겁결에 말했다.
'아, 어서 오십시오? 지금 죽은 줄 알고 있는 나를 보고 '어서 오십시오.'가 할 말인가?'
라쿠스는 연투스에게 다가갔다.
"그래? 잘 지냈느냐?"

"네. 물론 잘 지내고 있었습니다."
"급한 일이 있다고 소식을 들었는데 무사한 거냐?"
"급한 일이라뇨? 보시다시피 아무 일 없이 잘 있습니다."
가짜 연투스가 양 손바닥을 하늘로 펼쳐 들며 웃음을 지었다.
"그렇다면 다행이구나."
라쿠스가 고개를 끄덕이며 몇 걸음 더 다가갔다. 가짜 연투스와의 거리가 2m 정도 되었을 때 전광석화처럼 라쿠스가 칼을 뽑아 들었다. 그리곤 곧바로 연투스의 목에 칼을 대었다.
"네 이놈 너의 정체가 무엇이냐? 넌 내 동생이 아니다."
눈 깜짝 할 사이에 벌어진 일이었다.
"아, 이런 눈치채셨군요. 그리고 내 추측대로 내가 동생이 맞았군요."
가짜 연투스 재로니스는 천연덕스럽게 말했다.
"뭐라고?"
"그런데 잠시만요? 저를 죽이시면 진짜 동생을 찾을 수 없을 텐데, 칼 좀 내려놓으시죠."
"네 이노옴, 어디서……."
라쿠스의 눈빛이 이글거렸다.
"만약 조금이라도 허튼짓을 한다면 가만두지 않겠다."
라쿠스는 동생의 안위를 생각해서 칼을 잠시 내려놓았다. 재로니스는 찡긋 웃으며 여유 있게 방안을 걸었다. 그는 전혀 당황한 기색이 없었다. 그때였다. 갑자기 옆방 문이 열리더니 안티무스의 블랙 전갈들이 라쿠스에게 달려들었다.

"와."

모두 칼을 들고 있었지만, 그들은 라쿠스의 상대가 되지 못했다. 최고의 마법 검술가답게 라쿠스의 칼이 허공에서 몇 번 반짝이자 앞에 섰던 블랙 전갈이 땅에 나뒹굴었다. 곧바로 라쿠스는 침대를 밟고 하늘로 뛰어올라 뒤에 있던 서너 명을 상대했다. 5초도 지나지 않아 또 다른 블랙 전갈들이 라쿠스가 내리치는 칼등에 맞아 픽픽 쓰러졌다.

"이런, 상대가 안 되는구나."

뒤에 있던 안티무스가 그것을 보더니 얼굴이 하얗게 질렸다. 그리고는 곧바로 열려 있던 계단으로 남아 있던 블랙 전갈들과 '걸음아 날 살려라.' 도망을 쳤다. 하지만 그곳은 라쿠스가 들어왔던 곳, 문 뒤에서 주군의 실력을 오랜만에 마음껏 감상하던 라쿠스의 군사들이 달려오는 안티무스와 블랙 전갈들의 다리를 걸어 넘어뜨려 곧바로 사로잡아 버렸다.

"내 동생은 어디에 있느냐?"

"저…… 저기 있습니다요. 무, 무사합니다."

라쿠스의 칼날이 안티무스의 목으로 향했다. 안티무스가 무릎을 꿇은 채 손으로 방 옆 공간을 가리켰다. 그곳에 보니 연투스가 의자에 손발이 묶인 채 재갈이 물려 있었다. 연투스의 손과 발에 묶인 끈을 단칼에 잘라 버리고 라쿠스는 동생을 부둥켜안았다.

"연투스 무사한 것이냐?"

"혀 형님, 살아계셨군요."

뜨거운 눈물이 두 형제의 눈에서 흘렀다. 그리고 아르키메데스도 뛰어와서 그들을 감싸 안았다. 감격스러운 만남이었다.

'아, 이 사기꾼은 어디 있지?'

라쿠스가 정신이 퍼뜩 들어 가짜 연투스 재로니스를 찾았다. 하지만 방안에는 아무도 없었다. 창문이 열려 있고 아무런 흔적도 남아 있지 않았다.

'이 창문으로 뛰어내린 건가?'

라쿠스가 창밖으로 얼굴을 내밀자 바람이 세차게 불고 있었다. 이리저리 고개를 돌려봤지만 바람만이 느껴질 뿐이었다.

'어디로 간 거지?'

마당에도 보이지 않았다. 애초에 뛰어내린다는 것은 불가능했다. 라쿠스가 고개를 돌렸다. 무릎을 꿇고 앉아 있는 안티무스와 블랙 전갈들이 그의 시선에 들어왔다.

'이놈들을 이용해 잡을 수 있겠지?'

그때였다. 라쿠스의 뒤쪽 벽의 갈라진 틈으로 무언가가 쏙 들어갔다. 어른 손바닥 정도의 커다란 지네였다. 지네는 천장에서 벽 쪽으로 기어간 후 벽 사이의 갈라진 곳으로 순식간에 사라졌다. 그것은 지네로 변한 재로니스였다.

연투스는 모든 성안에 비상 경계령을 내리고 가짜 연투스를 잡아들이라는 지시를 내렸다. 하지만 지네로 변한 재로니스를 누구도 눈치채지 못했다. 창문을 열어 놓고 지네로 변한 것은 창밖으로 시선을 분산시키려 했던 재로니스의 꾀였다. 사람들에게 지금까지 변신술을 들키지 않은 재로니스는 호닉스가 믿고 신뢰할 만한 약삭빠른 실력과 생존 본능을 가지고 있었다.

"아, 계속 계획이 빗나가는군. 이놈들 때문에 주인님께 혼날 수도 있겠어."

재로니스는 계속해서 자신의 계획이 실패로 돌아가자 점점 짜증이 났다. 자신이 그토록 막으려고 했지만, 아이들은 문제를 찾아 거침없이 풀었다. 아이들이 언제 마지막 문제를 찾아 해결해 버릴지 알 수 없었다.

'아무래도 마법 카드를 훔쳐야겠어. 그 카드만 없앤다면 이 아이들을 꼼짝 못 하게 할 수 있을 거야. 저 카드가 반짝거리며 아이들에게 힘을 주는 것임이 틀림없어.'

재로니스는 밖으로 나와 다시 자신의 원래 모습인 고양이로 돌아갔다. 성안을 돌아다니며 기회를 봐서 가방 속에 보관하고 있는 카드를 훔칠 계획을 세웠다. 그리고 멀찍이서 호시탐탐 아이들 뒤를 따라다녔다. 그러나 아이들 누구도 자신들을 따라다니고 있는 고양이를 눈치채지 못했다.

"자, 이것 보십시오. 간수님, 그러니까 제 말 좀 들어보시라니까요?"

방안에 감금된 안티무스가 문 앞에 있는 간수에게 말을 걸고 있었다.

"그러니까 그 아이들이 미래에서 왔다는 말이지?"

"정말입니다. 만약 거짓말이라면 당장 저를 죽여도 됩니다. 제 두 귀로 직접 똑똑히 들은 이야기입니다."

"그래서 네가 하고 싶은 말이 뭔데?"

간수가 안티무스에게 물었다.

"저만 풀어 주면 제가 아이들에게 미래의 보물을 가져오라고 하겠습니다."

"……."

"아니 풀어 주시지 않더라도 잠시 그냥 모른 척만 해 주시면 되지 않겠습니까? 잠시만 자리를 비우시는 거지요. 아이들이 보물을 가져오면 그 값의 반을 간수님께 드리도록 하지요. 얼마나 좋은 제안입니까? 간수님께서는 저를 풀어 주시기만 하면 엄청난 보물의 반을 얻게 될 것입니다. 미래의 보물이라고 하면 가격을 가히 매길 수도 없을 것입니다. 그렇다면 간수님 앞에 모든 사람이 와서 엎드리는 때가 금방 오게 될 것입니다."

안티무스의 이야기가 계속됐다. 얼핏 들어도 무척 솔깃한 제안이었다.

"또 여기서 저랑 같이 나가기만 해도 간수님은 로마군의 간부가 되실 수 있습니다. 저랑 함께 새로운 미래를 누리시지 않겠습니까?"

"오냐, 알았다. 내가 곰곰이 생각해 보도록 하지."

간수는 안티무스에게 말하고 방을 나왔다.

"이제 됐어. 드디어 빠져나갈 수 있게 된 거야. 내가 누구냐? 바로 안티무스다. 이곳을 나가기만 하면 성주도 아이들도 모두 가만두지 않을 테다."

안티무스는 주먹을 불끈 쥐었다.

얼마의 시간이 지난 후 안티무스는 연투스 성주의 방으로 불려갔다.

"그래, 네가 간수에게 좋은 제안을 했다지."

"네?"

"너를 풀어 주면 미래의 보물을 반이나 주겠다고?"

"아, 아니 그게 아니라…… 성주님!"

"그럼 그 보물을 나에게 확실히 가져올 수 있겠느냐?"

안티무스의 눈이 번쩍 뜨였다.

"물론입니다, 성주님. 이 아이들에게 보물을 가져오게 할 묘책이 저에게 있습니다. 그 보물을 가지시면 성주님은 이곳에서 가장 강한 성주가 될 것입니다. 죽은 줄 알았던 형님도 살아 돌아오셨는데, 그렇다면 성주의 자리도 위태로워질 것 아닙니까? 저를 풀어만 주시면 목숨을 바쳐 충성하겠습니다."

"만약 보물을 못 가지고 온다면?"

"그때는 저를 마음대로 하셔도 됩니다. 성주님, 정말입니다. 제 목숨을 걸겠습니다. 제가 잠시 성주님을 몰라뵙고 허튼짓을 한 것은 두고두고 성주님께 죄를 씻겠습니다."

안티무스가 고개를 바닥에까지 숙였다.

"그래? 그렇다는 말이지."

성주가 천천히 안티무스에게 걸어왔다. 안티무스는 침을 꼴깍 삼켰다. 성주가 다가와 안티무스의 얼굴을 앞으로 들었다.

"그런데 안티무스! 미안하지만 네 말대로 하고 싶은 마음이 눈곱만큼도 없다. 아이들이 길을 잃어버렸다면 올바로 인도해 주어야 할 것 아니냐? 미래에서 온 착한 아이들을 협박하여 보물을 얻는다고?"

"네? 그러니까 그게……."

"그리고 이놈이 형님과 저를 이간질하는데 어떡하면 좋겠습니까?"

"그러니까 말이다. 이놈이 아직도 정신을 못 차린 모양이구나."

문밖에 있던 라쿠스가 걸어 들어왔다. 처음부터 같이 계속 안티무스의 말을 듣고 있었던 모양이었다.

"여봐라, 이놈이 다시는 딴생각을 못 하게 하여라."

무사들에 의해 안티무스는 다른 방으로 끌려갔다. 그는 끌려가며 다급하게 외쳤다.

"성주님, 잠시만요. 잠, 잠시만…… 혀, 형님 성주님, 제 말 좀 들어 보십시오. 이러시면……."

잠시 후 안티무스의 혼잣말이 방에서 들려왔다.

"괜히 말했다가 매만 죽도록 더 맞았군."

공부에 도움이 되는 수학·과학 톺아보기

★톺아보기란?
'자세히 살펴보다'라는 뜻의 순우리말입니다.

1. 밑면의 반지름이 4cm, 높이가 7cm인 원기둥의 전개도를 그려 보세요.

2. 십의 자리 숫자를 일의 자리와 십의 자리의 자릿값을 바꿔 큰 수에서 작은 수로 뺄셈을 계속하다 보면 늘 똑같은 수가 나오게 된다. 어떤 수가 나오는지 두 개의 십의 자리 수로 예를 들어 풀이 과정과 답을 쓰세요.

3. 다음 중 원기둥의 전개도가 맞는 것을 고르세요.

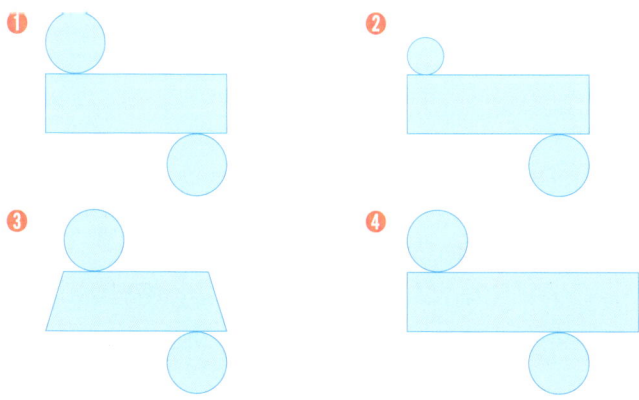

4. 다음 원기둥을 보고 구성 요소를 쓰세요.

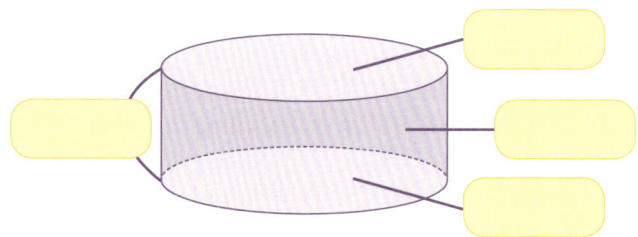

재로니스의 눈물

 아이들은 성안에서 영웅으로 대접받았다. 라쿠스의 마음의 병을 낫게 해준 은인들이었다. 아르키메데스는 라쿠스와 돌아온 후 또다시 무기 제작에 박차를 가했다. 그가 없었지만, 그의 지시를 받은 많은 군사가 설계도에 따라 제법 많은 신식 무기들을 만들어 놓은 상태였다.
 라쿠스와 연투스는 우애가 좋은 형제였다. 연투스는 라쿠스에게 다시 성주 자리를 맡으라고 했고, 라쿠스는 절대 싫다며 한사코 사양했다.
 이런저런 시간을 보내며 마법성의 밤이 찾아왔다. 오랜만에

편안한 마음으로 맞는 성안의 밤은 아름답고 낭만적이었다. 마당에 있는 방에서 저녁을 간단히 먹은 후 아이들은 모두 밖으로 나왔다. 라쿠스와 연투스는 한쪽에 앉아서 무언가를 이야기하고 있었다. 쏟아질 것 같은 은하수에 아이들은 시선을 금방 빼앗겼다.

"저기 보이는 별자리가 독수리자리야."

세라가 손으로 가리켰다.

마음이 여유로운지 하늘의 별들도 더 예쁘게 보였다. 하늘을 보니 어마어마한 별들이 하늘에 떠 있었고, 금방이라도 반짝이는 별들이 손에 닿을 듯했다. 서울에서는 볼 수 없었던 아름다운 광경이었다.

별자리 알아보기

1. **별자리**
   밝은 별과 주변의 별을 이어 만든 가상의 연결선

2. **계절별 별자리**
   저녁 9시경 남쪽 하늘에서 볼 수 있는 별자리(우리나라)

봄철
- 목동자리
- 처녀자리
- 사자자리

여름철
- 백조자리
- 거문고자리
- 독수리자리
- 전갈자리

가을철
- 안드로메다자리
- 물고기자리
- 페가수스자리

겨울철
- 쌍둥이자리
- 큰개자리
- 오리온자리

3. **계절에 따라 보이는 별자리가 달라지는 까닭**
   지구가 태양을 공전하기 때문에 (별이 태양 쪽에 위치하면 태양 빛이 너무 밝아 별을 관찰할 수 없다.)

- 봄 (사자자리)
- 여름 (전갈자리)
- 겨울 (오리온자리)
- 가을 (페가수스자리)

"커다란 밝은 별들을 선으로 연결하면 독수리 모습을 그릴 수 있어. 또 저기 있는 것은 백조자리 같아."

"아, 정말?"

아이들은 마음속으로 별들을 연결해 보았다. 세라의 말대로 하늘 위에 독수리와 백조가 떠 있는 듯했다.

"근데 저 별들은 도대체 여기서 얼마나 가야 할까? 아마도 수천 km도 더 되겠지? 태양보다도 멀리 떨어져 있을까?"

찬혁이가 말했다.

"지구에서 태양까지의 거리가 1억 5천만 km래. 빛이 지구를 1초에 일곱 바퀴 반을 돌 수 있는데, 그 속도로 8분 30초가 걸리는 거리지. 그런데 저런 별들은 태양보다 훨씬 멀리 떨어져 있을 거야."

"정말?"

"응. 태양처럼 스스로 빛을 내는 별을 항성, 그 주변을 지구처럼 도는 별을 행성이라고 하는데, 저렇게 빛이 나는 별들은 항성일 가능성이 커. 태양보다 훨씬 먼 거리에 셀 수 없는 항성들이 우주에 있어. 빛이 1년 동안 가는 거리를 1광년이라고 하는데, 저런 별에 가려면 몇 광년, 수십 광년씩 가야 할 거야. 빛이 1초에 30만 km 정도를 가니까, 그게 1년 동안 간다면······ 1시간이 60분×60초여서 3,600초니까 하루는 거기에 24를 곱하고 거기에 또 365를 곱한다면······."

세라의 말에 아이들은 모두 말문이 막혔다. 엄청나게 큰 우주가 느껴졌다. 크기 자체를 상상하기도 어려웠다. 경이로운 우주 앞에 인간은 너무나 작은 존재임이 새삼 느껴졌다.

"그럼 우리가 사는 태양계에는 어떤 행성이 있어?"

찬혁이는 계속 호기심이 생겼다.

"그건 나도 알아. 수금지화목토천해. 다시 말하면, 태양 가까이에 있는 별부터 수성, 금성, 지구, 화성, 목성, 토성, 천왕성, 해왕성이야."

동진이가 말했다. 지리를 좋아하는 동진이가 태양계 속 행성의 위치를 잘 기억하고 있었다.

"그럼 지구가 태양을 돌고 있는 세 번째 별이네."

"정확히 말하면, 항성인 태양을 공전하는 세 번째 행성이 되겠지. 행성 주위를 달처럼 공전하는 것은 위성이라고 해."

"오, 제법인데……."

세라가 동진이를 향해 엄지손가락을 들었다.

"지구는 자전도 그렇고 공전도 그렇고 반시계 방향으로 돌아. 서쪽에서 동쪽으로 돌지. 그래서 해는 동쪽에서 떠오르게 보이는 거야."

동진이가 주먹과 팔을 반시계 방향으로 돌리며 자전과 공전을 설명하시던 과학 선생님을 흉내 냈다.

"좀 더 이야기하자면 해처럼 별자리들도 똑같이 동에서 떠서 남쪽을 거쳐 서쪽으로 움직여. 초저녁에 떠서 새벽에 질 때까지 별자리도 동에서 서로 움직이는 거지. 하루 동안에 보이는 해와 별의 움직임 모두 지구의 자전과 관련이 있어."

과학책을 많이 읽은 세라가 덧붙여서 설명해 주었다.

태양계 알아보기

1. **태양계**
   태양의 영향이 미치는 공간과 그 구성원

2. **태양계의 구성원**
   태양(항성)+8개의 행성+위성, 소행성, 혜성
   (태양은 태양계의 유일한 항성으로 지구의 모든 생물은 태양으로부터 오는 에너지를 이용해 살아간다.)

3. **8개의 행성과 크기**

행성	수성	금성	지구	화성	목성	토성	천왕성	해왕성
크기	0.4	0.9	1	0.5	11.2	9.4	4	3.9

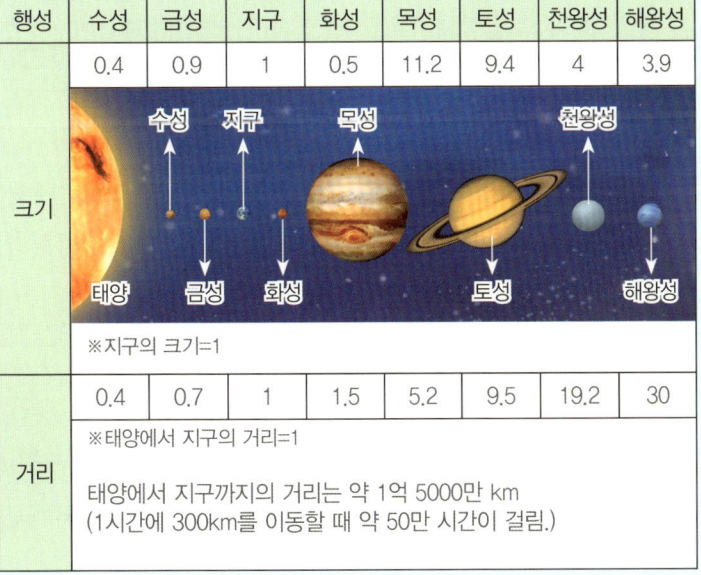

※지구의 크기=1

거리	0.4	0.7	1	1.5	5.2	9.5	19.2	30

※태양에서 지구의 거리=1

태양에서 지구까지의 거리는 약 1억 5000만 km
(1시간에 300km를 이동할 때 약 50만 시간이 걸림.)

별자리를 보고 난 후 아이들이 방으로 들어가려는데, 마당 한쪽에서 무언가 반짝거리는 게 보였다. 어둠 속에서 빛나는 재로니스의 눈이었다.

"앗! 고양이다."

찬혁이가 펄쩍 뛰며 좋아했다. 찬혁이는 많은 동물 중 고양이를 특히 예뻐했는데, 먼 나라에서 만난 고양이라 더 그런 것 같았다. 재로니스는 사납게 눈을 뜨며 찬혁이를 노려봤다. 아이들이 밖으로 나온 틈을 이용해 방으로 몰래 들어가 카드를 훔쳐 다시 돌아오는 길이었다.

"얘가 많이 예민하다. 요즘에 뭘 많이 못 먹었나 봐. 원래 살이 좀 있었던 것 같은데 얼굴이 많이 야위었어."

찬혁이는 재로니스에게 부엌에서 생선과 고기를 가져와 던져 줬다. 그동안 도망 다니며 제대로 먹지 못해 많이 허기졌던 재로니스는 본능에 따라 자신도 모르게 허겁지겁 먹어 치웠다.

"야! 위험해. 고양이가 할퀼 수도 있어."

옆에 있던 세라가 찬혁이를 말렸다.

"얘도 들고양이가 되고 싶어 됐겠어? 내 말이 맞지, 야옹아!"

찬혁이가 좀 더 가까이 다가갔다. 재로니스는 털을 세우고 세라를 노려봤다. 하지만 찬혁이는 개의치 않고 손을 내밀었다.

"화내지 마. 너에게 해코지하려는 게 아니야."

재로니스의 마음이 갑자기 이상해졌다. 그를 바라보는 찬혁이의 선한 눈망울이 느껴졌다.

"나쁜 마음을 가진 동물은 없어. 사람이 무섭게 하니까 그러는 거야. 괜찮아, 많이 먹고 가."

찬혁이의 진심이 담긴 말이었다. 재로니스는 갑자기 미안한 마음이 들었다. 그토록 해치려 했던 상대에게서 따뜻한 호의를 받는 게 부끄러웠다. 호닉스와 있을 땐 한 번도 가져 보지 못한 마음이었다. 자기가 그토록 잡으려고 했던 아이들의 위로를 느끼며 굳었던 마음이 녹아내렸다.

"아, 내가 왜 이러지."

재로니스는 자기도 모르게 뜨거운 눈물을 흘렸다. 머릿속이 복잡해졌다. 이런 기분은 처음이었다.

"그냥 주인님께 돌아가야겠어. 기분을 제대로 잡쳤군."

재로니스는 마당 너머 숲속으로 향했다. 숲에는 조금 전 훔쳐 놓은 마법 카드가 나무 아래 그대로 놓여 있었다. 재로니스는 잠시 망설이다 마법 카드를 입에 물었다. 뒤에서 '고양아, 니야옹 니야옹.'이라고 부르는 찬혁의 소리가 들렸다. 재로니스는 잠시 주저하다 곧바로 마법의 통로를 이용해 마법 세계로 들어가 버렸다.

카드를 잃어버린 것도 모른 채 그렇게 하룻밤이 지나갔다. 오랜만에 푹 자고 일어난 꿀 같은 휴식이었다. 간밤에 모두 피곤했는지 아무도 일어나지 않고 있었다.

"아, 잘 잤다."

늘 그랬던 것처럼 오늘도 가장 먼저 일어난 재민이가 기지개를 쭈욱 펴며 마당으로 나갔다. 성안의 하인들이 90도로 깍듯이 인사했다. 어제 이후로 아이들은 마법의 문제를 찾는 데 모든 도움을 주겠다는 연투스의 약속을 받아 성안을 어디든 마음대로 다닐 수 있었다. 재민이는 마당 이곳저곳을 살펴보며 혹시 마법의 문제가 없는지 천천히 걸었다.

그때였다.

"부웅."

갑자기 조그만 차 엔진 소리가 들렸다. 처음에는 작게 들리다가 점점 크게 다가왔다.

"어? 무슨 소리지?"

재민이는 소리가 나는 쪽을 향해 고개를 돌렸다. 정원 앞에 있는 바위 속에서 나는 소리였다. 얼른 가서 바위에 귀를 대 보았다. 땅속에서부터 나는 소리가 점점 가까이 다가왔다. 그러더니 별안간 바위 속에서 자동차 앞부분이 불쑥 튀어나왔다.

놀란 재민이는 뒤로 엉덩방아를 찧었다. 마법의 문을 통해 나온 마법 택시였다.

"아저씨!"

"어, 그래."

열린 창문을 통해 드라버와 재민이가 동시에 말을 했다. 에너지 소모를 염려한 드라버는 택시에서 내리지 못하고 있었다.

"너희 별일 없는 거니?"

"네, 그럼요."

재민이가 씩씩하게 대답했다.

"모두 무사한 거야?"

"네. 보시다시피 건강하게 있었어요. 그런데 왜 벌써 오셨어요? 아직 세 문제밖에 찾지 못했는데……."

"그렇다면 다행이구나. 난 너희에게 무슨 일이 난 줄 알고 얼마나 걱정했는지 모른단다."

'휴' 하며 드라버는 깊은숨을 내쉬었다. 그리고는 가슴을 쓸어내렸다.

지난밤, 그동안 신호가 잘 잡히던 택시 안 마법 수신기가 갑자기 이상 반응을 나타내기 시작했다. 경고음이 켜지며 지지직거렸고 파란불과 빨간불이 동시에 깜빡거리기도 했다. 처음 있는 일이었다. 잡음이 점점 커지더니 지지직거리던 마법 수신기는 몇 차례 이를 반복한 후 완전히 작동을 멈춰 버리고 말았다.

"이게 무슨 일이지?"

아무리 다시 켜 보아도 마법 수신기는 반응하지 않았다. 완전히 교신 자체가 끊겨 먹통이 된 것이다. 마법 카드에 문제가 생긴 게 틀림없었다. 시간이 지나면 다시 작동할지 몰라 기다려도 보았지만, 여전히 그대로였다. 갑자기 불안한 마음이 드라버를 엄습했다.

"혹시……."

아이들의 움직임과 위치를 파악할 방법이 없었다. 잘못하면 자신 때문에 아이들이 영원히 미아가 될 수도 있었다.

"아, 안 돼."

미아 그리고 그보다 나쁜 상황은 상상하기도 싫었다.

'아이들을 지금 찾으러 가야 하나?'

하지만 마법의 문제는 네 개 중 세 개만 찾은 상태. 지금 아이들을 태운다면 다시는 기회가 없을 수도 있었다. 밤새 고민하던 드라버는 결국 마법 카드의 마지막 위치가 잡힌 이곳으로 아이들을 찾으러 온 것이다.

"그런데 마법 카드는 어디에 있니?"

드라버는 묻고 싶었던 마법 카드에 관해 물었다.

"마법 카드요? 늘 가방에 두었었는데……."

재민이는 얼른 방으로 뛰어갔다. 아이들은 아직 쿨쿨 자고 있었다. 재민이는 가방에 손을 넣었다. 당연히 있을 줄 알았던 마법 카드가 만져지지 않았다.

"아, 없어졌어. 어딜 갔지?"

재민이는 자고 있는 다른 아이들을 부리나케 깨웠다. 아무리 찾아도 카드는 보이지 않았다. 재로니스가 이미 훔쳐 간 것을 전혀 모르고 있었다.

"내가 생각할 땐 누군가가 카드를 훔쳐간 것 같구나. 그리고 의도적으로 망가뜨린 후 버렸겠지. 만약 잃어버린 거라면 카드의 위치가 잡혔을 텐데……."

드라버가 아이들의 상황을 들으며 말했다. 아이들은 깜짝 놀랐다. 언제 어디서 카드가 없어졌는지 전혀 가늠이 안 됐다.

"마법 카드가 없어진 이상 이제는 돌아가야 할 것 같다."

"세 문제밖에 찾지 못해서 어떡해요?"

재민이가 말했다.

"괜찮다. 네 문제 중 세 문제를 찾았으면 75%를 찾은 건데, 그 힌트를 이용해서 풀어 봐야지."

드라버와 이야기하는 사이 아이들 뒤로 사람들이 몰려들었다. 낯선 광경에 놀란 라쿠스와 연투스에게서 소식을 전해 듣고 아르키메데스도 뛰어나왔다. 그들은 택시와 드라버를 보고 아이들이 말했던 이야기 속 바로 그 마법 택시라는 것을 직감적으로 알 수 있었다.

마법 카드 없이 아이들만 따로 있을 수는 없었다. 갑작스러운 이별에 발걸음이 떨어지지 않았지만, 택시를 타고 돌아가야 하는 시간이었다. 아이들은 나와 있던 모든 이들과 한 명 한 명 마지막 인사를 했다. 모두의 눈가에 촉촉한 무언가가 맺혔고 한 명씩 택시 안으로 들어가 앉았다. 창문 너머로 서로에게 손을 흔들었다. 아이들을 태운 택시는 어느새 마법의 문으로 들어가고 있었다.

"정말이지 참으로 신기한 일이 아닐 수 없습니다."

연투스가 아르키메데스를 보며 말하자, 아르키메데스는 아무 말 없이 고개를 끄덕였다.

택시 안에서 드라버는 아이들에게 진심으로 고마움을 표했다. 아이들도 아쉽긴 했지만, 그동안 처했던 위험을 극복한 자신들이 자랑스러웠다. 찬혁이가 드라버에게 지금까지의 일들에 대해 종알종알 무용담을 늘어놓기 시작했다.

"하하, 그래그래. 너무 잘했다."

아이들을 태운 택시가 점점 속도를 높였다. 반짝이는 무언가가 택시 주위로 생겼다가 없어지기를 반복했다. 그때였다.

"어, 어……."

택시가 심하게 덜컹거리더니 이어 차가 앞뒤로 격렬하게 흔들리기 시작했다.

"꽉 잡아, 얘들아! 위험해."

드라버가 소리쳤다. 아이들은 깜짝 놀라 여기저기 손을 잡고 의지했다. 차체에 알 수 없는 심한 충격이 계속 전해졌다.

'쿠쿵 쿵.'

이번에는 몸의 중심이 급격히 뒤로 쏠렸다. 어디론가 빨려 들어가는 듯 흔들거리며 큰 충격이 전해졌다. 그러다 차 문이 열리며 순식간에 아이들이 밖으로 튕겨 나갔다. 중심을 잃은 아이들은 모두 바닥에 나뒹굴었다.

공부에 도움이 되는 수학·과학 톺아보기

★톺아보기란?
'자세히 살펴보다'라는 뜻의 순우리말입니다.

1. 우리나라 계절별 별자리에 대해 바르게 연결한 것을 고르세요.
   ❶ 봄철-쌍둥이자리, 큰개자리, 오리온자리
   ❷ 여름-백조자리, 거문고자리, 독수리자리, 전갈자리
   ❸ 가을-목동자리, 처녀자리, 사자자리
   ❹ 겨울-안드로메다자리, 물고기자리, 페가수스자리
   ❺ 계절별 보이는 별자리의 모습은 알 수가 없다.

2. 계절에 따라 보이는 별자리가 다른 까닭이 무엇인지 쓰세요.

3. 지구가 속한 태양계에는 항성 태양과 태양을 돌고 있는 여러 개의 행성이 있다. 태양과 가까운 순서대로 행성의 이름을 쓰세요.

4. 우리 태양계의 행성 중 가장 큰 행성과 가장 작은 행성의 이름을 쓰세요.

운명의 대결

"흐흐흐, 마법 세계에 온 것을 환영한다."

"누, 누구시죠?"

기다란 망토를 두른 마법사 호닉스가 부하 난쟁이, 재로니스와 함께 아이들 앞에 서 있었다.

"과거로 날아가서 여기저기 헤매고 다녔다고 하던데, 마법 세계 구경도 한번 해 봐야지. 그냥 가 버리면 내가 서운해서 말이야."

호닉스가 얼굴을 가리고 있던 망토를 내렸다. 그의 얼굴은 너무 흉측했다. 얼굴에는 주름이 가득하고 수십 개도 넘을 듯한 검버섯과 작은 혹들이 곳곳에 올라와 있었다. 핏기 없이 창백해 보이는 얼굴은 소름을 돋게 했다.

'앗, 저 고양이는?'

찬혁이가 옆에 있는 재로니스를 보았다. 분명 어젯밤 고기와 생선을 주었던 그 고양이였다. 재로니스는 찬혁이의 얼굴을 보지 않고 고개를 돌려 눈을 피했다.

"일단 이곳으로 들어가 있어야겠어."

호닉스가 아이들 앞으로 무언가를 던졌다. 그러자 놀랍게도 검은 막이 처지며 아이들은 꼼짝 못 하고 갇히게 되었다. 검은 막은 출렁출렁 흔들거렸지만, 바닥은 전혀 들리지 않았다.

잠시 시간이 지난 후 막 사이로 손이 쑤욱 나타났다. 그 손은 막을 양쪽으로 젖혔다. 호닉스와 난쟁이가 보였다.

"저, 저희에게 왜 이러시는 거예요?"

찬혁이는 겁이 났지만, 배에 힘을 잔뜩 주고 소리쳤다.

"마법의 문제를 찾고 다닌다면서? 내 허락도 없이 말이야."

성큼성큼 걸어온 호닉스는 차가운 표정으로 눈에 힘을 주어 아이들을 쏘아봤다.

"앗, 그건……."

"또 너희가 라쿠스의 문제까지 풀었다고 하던데, 어린놈들이 실력이 제법이야."

"라쿠스요? 어 어떻게 그걸?"

"라쿠스는 내가 잘 알지. 내가 그동안 아주 잘 관리하고 있었는데, 너희 덕분에 나의 마법이 풀려 버렸다더군."

 호닉스의 눈은 유난히 반짝거리며 광선이 나오는 듯했다. 눈이 마주치자 소름이 온몸에 전해졌다.
 "이 카드도 잃어버리지 않았나?"
 "앗!"
 아이들은 깜짝 놀랐다. 옆에 있는 난쟁이가 씨익 웃으며 잃어버렸던 망가진 마법 카드를 빙빙 돌리고 있었다.
 "이 안에 있으면서 생각을 좀 해 봐. 너희가 얼마나 설치고 다녔는지, 그리고 어떻게 하면 살 수 있을지를 말이야. 흐흐."
 호닉스는 검은 막을 닫고 다시 밖으로 나가 버렸다.
 '펑!'
 잠시 후 큰 소리와 함께 방안이 뿌옇게 흐려졌다. 짙은 안개가 낀 것처럼 연기가 자욱했다.

"얘들아, 여기다."

다급한 목소리의 드라버였다.

"자, 빨리 모두 서로 손을 잡아."

드라버는 세라의 손을 잡았다. 아이들은 재빨리 모두의 손을 잡았다. 드라버가 맨 가장자리에서 손을 끌며 외쳤다.

"절대로 손을 놓으면 안 돼."

다섯 명이 모두 함께 손을 잡고 일직선으로 달렸다. 놀랍게도 아이들을 가두었던 막은 이미 사라지고 없었다. 드라버는 뛰면서 마법의 주문을 외쳤다.

"수리수리 발발타!"

그리고 앞으로 무언가를 던졌다. 신기하게도 문과 함께 길이 쭈욱 나타났다.

"조금만 힘을 더 내렴."

새로 생긴 길을 향해 엄청난 속도로 내달렸다. 아이들도 힘을 다해 뛰었다. 한 번씩 점프하면 몸이 공중으로 붕 뜨며 수십 미터 상공을 날아가는 듯했다. 뛰고 점프하기를 여러 번. 아이들과 드라버는 마지막에 허공으로 길게 솟구쳐 오른 후 어딘가 다른 곳으로 빠져 들어갔다.

"탈출에 성공했구나. 잠시만 쉬자꾸나. 에너지를 너무 많이 쏟았더니 힘이 들구나, 쿨럭."

드라버가 가쁜 숨을 몰아쉬었다. 아이들도 마찬가지였다. 100m 달리기를 여러 번 한 듯 숨을 헐떡였다. 호흡이 진정되자 찬혁이가 물었다.

"어, 어떻게 된 거예요? 아까 그 흉측한 노인은 누구예요?"

"그동안 많이 궁금했지."

드라버는 크게 심호흡을 한 번 했다. 수수께끼 같았던 여러 이야기를 말하기 시작했다.

"그의 이름은 호닉스, 나와 호닉스는 원래 한 스승 밑에서 공부하며 마법을 수련하던 친구였단다. 사람들에게 유익한 마법을 수련하기 위해서 계속 노력하고 있었지. 그러던 중 호닉스가 우리를 배신하게 됐다."

"휴……."

다시 크게 숨을 쉰 후 드라버의 이야기가 계속됐다.

"스승님은 나이가 드신 후 나와 호닉스 둘 중 한 명을 후계자로 지목하시고자 했지. 그런데 호닉스는 스승님의 뜻을 받들지 않고 자신이 마음대로 마법을 구사하려고 했어. 불량스러운 마법을 연구하고 사람들을 혼돈에 빠뜨리는 짓을 몰래 한 거야. 그래서 스승님은 나를 마법 후계자로 정식 임명하려고 하셨지. 그런데 호닉스가 그 사실을 눈치채고 연로하신 스승님과 우리를 배신했어. 스승님께 나쁜 짓을 한 후 숲에 가두고 마법으로 봉인해 버렸지."

드라버의 목소리가 조금씩 떨렸다.

"그다음 대상은 나였어. 나는 호닉스의 계략에 빠져 힘 한번 써 보지 못하고 당하고 말았다. 그때 내가 너무 섣부르게 행동했어. 호닉스에 대한 분노로 생각을 깊게 못 한 거야. 그는 자신이 마법 세상의 왕이 되면 나에게 이인자 자리를 주겠다며 꼬드겼지. 하지만 내가 마지막까지 그에게 협조하지 않았고, 지금 이런 상황이 된 거란다."

"라쿠스 이야기는 뭐예요? 아까 호닉스가 그러던데……."

재민이가 물었다.

"라쿠스는 나의 스승님 밑에 있던 사람은 아니야. 인간계에서 마법이 좋아 열심히 마법을 연구하던 사람이었어. 그런데 갈수록 그의 마법의 힘이 점점 좋아졌지. 그것을 안 호닉스가 불쾌하다며 마법을 못 쓰게 몰래 묘안을 짰어. 라쿠스에게 들었던 대로 문제에 마법을 건 후 그것을 제시한 거야. 그게 바로 너희가 풀었던 문제였지. 그 문제를 풀지 못해 라쿠스는 그 이후부터 마법의 힘을 쓰지 못하고 무기력하게 됐어."

도무지 이해할 수 없는 일들이었다.

"그럼 호닉스와 아저씨는 친구인 거예요? 그런데 왜 저렇게 나이가 들어 보이죠?"

"음, 그건 마법의 세계에서는 흔히 일어날 수 있는 일이란다. 몸속의 에너지를 너무 소진해 버려 아주 빠르게 늙어 버리기도 하지. 아니면 나쁜 마법을 계속하면서 몸이 망가지게 될 수도 있고. 아까 우리가 마법 택시를 타고 갈 때 너무 심하게 덜컹거려 무언가가 잘못되었다는 것을 직감했다. 역시 예상대로 호닉스가 마법 택시를 자신의 소굴로 빨아들였어. 너희는 마법을 못 해서 빨려 들어갔고, 나는 마법으로 내 몸을 방어해서 그나마 버틸 수 있었단다."

"미안하다, 얘들아."

드라버는 갑자기 눈물을 보였다.

"너희가 지금까지 열심히 노력해 마법의 문제들을 찾았는데 다시 이곳으로 오게 되다니, 아직 내 힘이 많이 부족하구나. 내가 너희에게 큰 죄를 지었다."

드라버의 눈물이 주르륵 땅으로 떨어졌다.

"저흰 괜찮아요. 너무 슬퍼하지 마세요."

세라가 드라버를 위로했다.

"고맙구나. 하지만……."

드라버는 계속해서 미안하다고 했다. 그의 진심이 느껴졌다. 아이들은 아무 말 없이 한참 동안 드라버를 안아 주었다.

"호닉스를 이기려면 그를 자극해야 해. 예전의 나처럼 평정심을 잃고 분노하면 쉽게 에너지가 소진되고, 마법의 힘이 타 버릴 수 있어. 그때를 노려야 해."

"네, 아저씨. 저희가 힘이 되어 드릴게요."

아이들은 드라버에게 용기를 줬다.

"고맙구나. 난 호닉스를 반드시 이길 것이다. 그리고 절대 퍼즐을 풀어 마법의 소원으로 스승님을 구해 내고 말 거야."

"네. 분명 잘될 거예요. 그리고 우리가 이길 거예요."

드라버가 고개를 끄덕이며 주먹을 꽉 쥐었다.

얼마간의 시간이 흘렀다. 갑자기 섬뜩한 느낌이 들며 뒤쪽에서 이상한 목소리가 들렸다. 검은 그림자가 그들을 향해 다가오고 있었다.

"오, 드라버. 아직 실력이 죽지 않았구나. 쥐새끼처럼 용케 나의 성을 또 빠져나가다니. 그동안 잘 지냈나, 친구?"

검은 옷과 망토를 두르고 긴 수염에 백발의 호닉스였다. 여전히 충신 난쟁이와 고양이 재로니스와 함께였다.

"아직도 이런 나쁜 짓을 하다니, 스승님을 배신한 것도 모자라 여전하구나, 호닉스."

드라버는 호닉스를 보자 몸을 일으켰다.

"내가 스승님을 배신한 게 아니지. 스승님이 나의 마법을 막는 주문을 먼저 만드셨지. 그래서 나도 어쩔 수 없이 스승님을 칠 수밖에 없었다."

"그건 너의 나쁜 행동 때문이 아니냐? 너의 그 잘못된 욕망이 모든 마법 세계를 위험에 빠뜨릴 뻔했다."

서로의 눈에서 불꽃이 튀었다.

"흐흐흐, 그런가? 아무리 그래도 나의 마법의 힘을 빼앗는 주문을 만들면 안 되었지. 물론 내가 그 글자들을 바꾸어 버렸지만, 그래서 내가 이렇게 일인자가 되어 있지 않나?"

"호닉스, 이 아이들은 아무 죄가 없으니 풀어 주자. 어차피 너는 내가 필요한 것 아니었어? 너와 내가 둘이서 해결해야 할 문제다."

"그건 네 생각이지. 난 이렇게 자신의 분수를 모르고 날뛰고 다니는 놈들은 봐줄 수가 없어. 난 항상 그러했지, 흐흐흐."

호닉스가 입꼬리를 올리고 웃었다. 소름 끼치는 미소였다.

"그 잘난 체하던 매직메스학파 놈들도 호닉스님께서 쓸어 버리시지 않으셨습니까? 크크크."

옆에 있던 난쟁이가 호닉스를 거들었다.

"뭐야? 그럼 인간 세계의 매직메스학파의 죽음도 네 놈 짓이었단 말이냐?"

드라버의 표정이 일그러졌다.

"아직도 모르고 있었다니 실망이군. 드라버, 그렇다고 내가 직접 죽인 것은 아니야. 그냥 그들이 황금을 가지고 있다고 거짓 소문을 좀 퍼뜨렸더니 해적 떼들이 그들을 공격해 버리더군. 그게 어찌 나의 잘못이란 말이냐? 난 이렇게 항상 착한 마음을 가지고 살아간다. 흐흐흐."

"가증스럽구나, 호닉스. 넌 너의 그 흉측한 모습을 보고도 그런 이야기가 나오느냐? 내가 너를 오늘 심판할 것이다."

옛날 한 스승 밑에서 함께 배웠던 라이벌이자 친구, 드라버와 호닉스 사이에 팽팽한 긴장감이 흘렀다.

"심판? 흐흐흐, 드라버 넌 이제 내 상대가 되지 못해. 아직도 인정하지 못하겠느냐?"

호닉스가 손을 높이 들어 올렸다. 그리곤 주위의 모든 소리를 빨아들이려고 했다. 마법의 숲에 들어가 연마했던 바로 그 마법이었다. 그때 옆에 있던 재민이가 툭 말을 던졌다.

"그나저나 호닉스님은 수학 문제나 제대로 풀어 보셨으려나?"

"……."

"자신 있으시면 저랑 수학 문제 내기 한번 해 보시던가요?"

"뭐라고?"

재민이의 당돌한 행동에 호닉스가 어이없어했다. 드라버도 눈이 휘둥그레졌다. 재민이가 계속 약을 올렸다.

"역시 예상대로 자신이 없으시군요. 마지막 숫자를 말하지 않는 정말 단순한 게임인데, 흐흐흐."

"네 이놈, 어디서 수학 천재이신 호닉스님께 말을 함부로 하는 것이냐?"

난쟁이가 재민이에게 달려들려고 했다. 호닉스가 난쟁이의 어깨를 손으로 잡았다.

"수학 천재? 아, 그러시구나. 그럼 한 사람당 연속된 숫자 세 개까지 자유롭게 말할 수 있는 게임을 이해하시겠네요. 예를 들어, 1, 1·2, 1·2·3. 어떤 것을 하든 자유죠. 단, 마지막

숫자 20을 말하면 지는 건데……, 하하하."

"주인님, 제가 하겠습니다. 이놈들이 어디서 호닉스님께……. 세 가지 숫자까지 말할 수 있고, 마지막 숫자를 말하지 않는 게임? 좋다."

난쟁이가 말릴 틈도 없이 끼어들며 재민이에게 숫자 하나를 말했다.

"1."

재민이 차례였다.

"오, 잘하시는데요. 2, 3."

난쟁이가 말했다.

"4, 5, 6."

다시 재민이 차례였다.

"7."

계속해서 난쟁이와 재민이가 숫자를 주고받았다.

8 / 9, 10, 11 / 12, 13 / 14, 15 / 16 / 17, 18, 19

"20? 앗."

난쟁이가 머리를 긁적였다.

"다시 한번 해 보자."

난쟁이가 시작했다.

"1, 2."

재민이가 답했다.

"3."

난쟁이가 잠시 생각하더니 말했다.

"음, 4, 5."

"6, 7."

재민이가 빠르게 답했다.

하지만 다시 해도 결과는 똑같았다. 또다시 마지막엔 난쟁이가 20을 말하게 됐다. 몇 번을 했지만, 결과는 똑같았다. 무엇인가 해법이 있을 것 같은데 될 듯 안 될 듯 난쟁이는 계속 지기만 했다.

"역시나 예상대로군요. 실력이 형편없어요."

재민이가 끝날 때마다 계속 비아냥댔다. 호닉스는 얼굴이 점점 벌게졌다. 호닉스도 태연한 척 머릿속으론 문제 해결 방법을 찾으려 했지만 찾을 수 없었다. 난쟁이는 호닉스 옆에서 어쩔 줄 몰라 했다.

옆에서 보고 있던 찬혁이가 재민이를 거들었다.

"스승과 제자가 모두 그런 수준이니 뻔한 거 아닐까?"

"으……."

"라쿠스 아저씨께 냈던 9였던가, 그게 마법의 문제라고 하던데 두 분의 수준을 알겠네요. 저희에게도 상대가 안 되면서 최고의 마법사이신 드라버님과 상대하려고 하다니. 그러다 기분 상하면 나쁜 마법이나 쏟아내시겠죠. 뭐 할 수 있는 것이 그것밖에 없겠지만……."

호닉스는 마침내 화가 머리끝까지 났다. 얼굴이 붉으락푸르

락 달아올랐다. 그와 아랑곳없이 재민이와 찬혁이의 조롱은 계속됐다.

"어려운 문제는 풀어 보기나 하셨으려나, 아니면 한번 내 보시든가요?"

당장에라도 마법을 쏟아내고 싶었지만, 아이들의 말대로 하는 것 같아 내키지 않았다. 부르르 떨며 자신을 주체하지 못하는 모습이 눈에 확실히 보였다.

"그래, 좋다. 너희가 찾은 대로 십의 자리 회생 수는 9였다. 그렇다면 지금부터 백의 자리 회생 수를 찾아보아라. 만약 찾지 못하면 그땐 완전히 너희를 없애 주지."

"회생 수요? 그 정도야. 그걸 저희가 찾는다면요?"

"앗."

옆에서 듣고 있던 난쟁이가 호닉스를 보았다. 생각보다 뛰어난 애들이었다. 쉽게 약속을 해선 안 되었다. 하지만 흥분한 호닉스는 재민이의 전략에 말려들며 약속을 뱉어 냈다.

"그땐 너희를 깨끗하게 풀어 주겠다."

난쟁이가 고개를 살래살래 흔들었다. 재민이의 작전대로 호닉스가 평정심을 잃으며 주도권이 아이들에게 넘어왔다. 그렇지 않았다면 바로 호닉스의 마법에 당했을지도 모를 일이었다.

"백의 자리 회생 수라는 말이죠?"

"그렇다. 백의 자리 수를 뺄셈하여 어떻게든 항상 똑같이 돌아오는 수지. 그것을 알면 내가 인정을 해 주겠다. 지금부터 시간을 10분 주도록 하지."

호닉스의 눈에서 이글거리는 불꽃이 타올랐다. 십의 자리 수에서 뺄셈을 하면 원위치로 오는 수가 있는 것처럼 백의 자리 수에서도 항상 그 자리로 돌아오는 수가 있다는 것이다. 그리고 그것을 찾아내라는 것이 호닉스의 문제였다.

아이들은 재빠르게 둘러앉아 생각에 잠겼다.

"일단 백의 자리 수를 계산해 보자. 처음에 9를 찾았을 때처럼 세 개의 숫자를 고른 후에 그것으로 큰 수와 작은 수를 만드는 게 아닐까?"

재민이가 말했다. 아이들이 고개를 끄덕였다. 모두 머리를 빠르게 움직였다. 계속 계산하여 늘 같은 수가 나오는 것을 찾아야 한다. 일단 빨리 계산해 보는 게 중요했다.

"일단 내가 아무 숫자나 골라볼게. 9, 7, 3."

재민이가 서둘러서 말했다.

"그렇다면 이것으로 만드는 가장 큰 수는 973, 그리고 가장 작은 수는 379가 돼. 973-379?"

동진이가 이야기를 이어갔다. 재민이가 암산을 잘하는 세라에게 빨리 계산해 보라는 눈짓을 보냈다.

"594야."

"그럼 회생 수가 594?"

찬혁이가 말했다.

"아니지. 그 수로 또 아까처럼 큰 수와 작은 수를 만들어서 빼 봐야지"

"5, 9 그리고 4니까, 가장 큰 수는 백의 자리가 9, 십의 자리가 5, 일의 자리가 4인 954, 그리고 가장 작은 수는 백의 자리부터 가장 작은 수를 넣어서 459."

"세라야, 954-459 빨리 계산해 봐."

"495가 나왔어."

"그럼 4와 9, 5로 또 숫자를 만들어야지."

"가장 큰 수는 954 그리고 가장 작은 수는 459?"

"가만있어 봐. 지금 막 계산했던 거잖아."

"응?"

동진이 말이 맞았다. 조금 전 계산했던 바로 그 숫자였다.

"그럼 다시 계산해도 495인 거네. 495 다음에 나오는 수는 없는 거야?"

아직 어떻게 될지 모르긴 해도 왠지 신기하게 맞아 들어가는 것 같았다. 눈치 빠른 찬혁이가 호닉스의 눈치를 봤다. 호닉스의 얼굴에 긴장감이 보였다. 순간적으로 경직된 모습을 읽을 수 있었다.

"다른 숫자도 한번 골라 봐, 재민아."

찬혁이가 다급히 말했다.

"3, 7, 2로 해 볼게."

"응, 그럼 가장 큰 수는 732, 가장 작은 수는 237이 나오고 732에서 237을 빼면……."

"732-237=495야."

"오!"

정말 아이들은 못 믿겠다는 듯 서로를 쳐다봤다. 다시 계산해도 495였다. 4와 9와 5는 계산하지 않아도 된다. 앞에서 계산했지만 954 빼기 459는 계속 495가 나왔었다.

"내가 다른 수를 한번 골라볼게."

동진이가 말했다.

"큰 수와 작은 수, 그리고 중간 수로 해서, 1, 9, 5. 한번 해봐."

"951-159로 계산하면 돼."

역시 세라가 답했다.

"792야."

"그럼 972-279를 하면?"

"693."

"963-369는?"

"음, 그럼 594가 나와."

"앗, 이거 나왔잖아. 계산하면 495 아니야?"

"그렇지, 954-459=495. 맞아!"

594와 495는 어차피 같은 세 개의 숫자로 이루어진 것으로, 그것으로 만들어지는 가장 큰 수와 가장 작은 수의 뺄셈은 똑같을 게 뻔했다.

"우리가 어떤 숫자를 찾더라도 모두 답이 495가 나와."

아이들은 흥분하여 소리쳤다. 서로 다른 세 자리 수를 이용해 계산해서 나온 결과는 495를 벗어나지 않았다. 모든 답이 495가 나왔다. 호닉스가 말한 회생 수는 495가 틀림없었다.

"이봐, 호닉스 세 자리 수의 회생 수는 495야. 어때, 우리가 답을 맞힌 소감이…….”

드라버는 의기양양하게 소리쳤다. 호닉스의 얼굴이 하얘졌다. 절대 풀지 못할 것으로 생각했던 것을 아이들이 푼 것이다.

"답이 틀렸다고 말하지 못하는 걸 보니, 우리가 제대로 풀어낸 모양이군. 이제는 이 아이들을 보내 주시지."

호닉스는 할 말이 없었다. 자신이 나쁜 마음을 가지고 수년 동안 연구하며 백발이 되도록 노력해서 얻어낸 회생 수 495를 아이들은 착한 마음과 열정으로 아주 쉽게 찾아낸 것이다. 갑자기 온몸에서 기운이 빠져나가는 것을 막을 수 없었다.

'이런 내 몸이 왜 이러지…….'

갑자기 온몸이 축 늘어지기 시작했다. 아이들은 깜짝 놀랐다. 호닉스의 얼굴에 검버섯이 더욱 까맣게 올라오며 백발이 더 무성해졌다. 곳곳에 나 있던 몸의 상처에서 곪았던 부스러기들이 터졌다. 순식간에 벌어진 일이었다. 아이들이 답을 찾아내자 분노했던 호닉스의 마법 능력이 급격히 타며 터져 버린 것이다. 호닉스는 자신의 모습을 아이들에게 들키지 않으려 했지만, 달라진 모습이 눈으로도 확연히 보였다. 호닉스는 기침을 해댔다. 저절로 나오는 기침을 어찌할 수 없었다.

"너희 실력은 내가 인정을 해 주지, 콜록콜록. 하지만 너희를 보낼 순 없다. 내가 여기……까지 어떻게 왔는데, 너희를 보내……겠느냐? 콜록콜록."

"뭐야? 호닉스, 약속과 다르잖아."

"언제부터 네가 내 말을 믿었다고 그러느냐? 순진한 놈 같으니, 콜록콜록."

호닉스가 가쁜 숨을 몰아쉬며 말했다. 호닉스는 자신의 남은 힘을 이용해 드라버와 아이들을 한 번에 해치우려고 했다. 시간이 가면 갈수록 지친 몸을 감당하기가 힘들어질 건 뻔했다. 만약 잘못하면 정말 자신의 몸은 영원히 되돌릴 수 없는 상태가 될 수도 있었다.

호닉스의 손이 공중을 돌아 동그랗게 원을 그렸다. 앞으로 손을 내밀며 주문을 외웠다. 호닉스의 손에서 바람이 뿜어져 나왔다. 하지만 생각보다 약했다. 쇠약해져 힘이 떨어진 호닉스는 다시 한번 두 손을 들어 여러 차례 원을 그렸다. 그리고 있는 힘껏 손을 앞으로 뻗었다. 마법의 주문과 함께 회오리가 생기며 바람이 점점 거세졌다. 그때였다. 드라버가 뛰어나가며 마법으로 맞불을 놨다.

"수리수리 발발타."

드라버는 두 손으로 호닉스의 공격을 막아냈다. 한참을 힘의 균형이 깨지지 않고 중간에서 마법의 불꽃이 튀고 있었다. 하지만 마법 세계의 일인자답게 호닉스는 역시 강했다. 호닉스의 강력한 마법 공격에 드라버는 갈수록 힘이 달리며 점점 밀려나가기 시작했다. 자신의 힘이 부족함을 느낀 드라버는 반대쪽으로 한 손을 뻗었다.

"수리수리 큐리타."

아이들 앞으로 하나의 공간이 생겼다. 드라버가 마법의 숲에서 연마했던 바로 그 공간 마법이었다.

"빨리 그곳으로 들어가!"

아이들이 들어가려 했지만 쉽지 않았다. 호닉스가 마법의 힘으로 아이들을 위협하며 열려 있는 문을 닫아 버리려 했다. 아이들은 서로의 손을 잡고 한 걸음씩 움직였다. 드라버가 온 힘을 다해 호닉스의 공격을 버텨냈다. 모든 에너지를 쏟아 부으며 드라버가 말했다.

"자, 빨리빨리 들어가."

드라버가 만들어 놓은 공간 속 문으로 아이들은 한 명씩 차례로 뛰어들기 시작했다. 재민이, 동진이, 세라가 무사히 들어갔다. 그때였다.

"아야!"

찬혁이가 발을 삐끗하며 발목을 잡았다.

"찬혁아, 빨리……."

아이들이 건너편에서 소리쳤지만 닫히는 문을 보며 찬혁이는 덜컥 겁이 났다. 찬혁이가 주저하는 사이 드라버와 호닉스의 팽팽한 힘겨루기 속에 문이 점점 닫히고 있었다. 완전히 문이 닫히려는 순간 갑자기 호닉스 옆에 있던 재로니스가 좁아진 문 사이로 끼어들었다. 재로니스가 몸에 힘을 잔뜩 주며 문을 조금씩 벌렸다.

재로니스의 갑작스러운 등장에 모두 깜짝 놀랐다. 재로니스는 찬혁이를 애절한 눈빛으로 쳐다봤다. 재민이가 틈이 벌어진 사이로 재빨리 손을 내밀어 머뭇거리는 찬혁이를 잡아끌었다. 문이 휘청 흔들리며 찬혁이도 안으로 빨려 들어갔다.

"수리수리 큐리타."

드라버가 마지막으로 뛰어들며 주문을 다시 외웠다. 아이들과 드라버가 공간 안에서 점점 사라졌다. 마법의 세상에서 얼마의 시간이 흘렀는지 무슨 일이 일어났는지 전혀 가늠할 수가 없었다.

공부에 도움이 되는 수학·과학 톺아보기

★톺아보기란?
'자세히 살펴보다'라는 뜻의 순우리말입니다.

1. 하나의 백의 자리 수로 자릿값을 바꿔 가장 큰 수와 가장 작은 수를 만들고, 큰 수에서 작은 수로 뺄셈을 한다. 이러한 방법(나온 값으로 큰 수와 작은 수를 만들어 뺄셈 값 구하기)으로 계산을 계속하다 보면 결국엔 늘 똑같은 답의 수가 나오게 된다. 어떤 수가 나오는지 백의 자리 수 하나를 예로 들어 설명해 보세요.

2. 친구들과 함께 숫자 야구 게임을 해 보고 자신만의 승리 전략을 세워 이야기해 보세요.

   숫자 야구 게임이란?
   1~9까지의 숫자를 이용해 세 자리 수를 생각한 후 최소한의 횟수로 상대방의 수를 맞히면 이기는 게임

   게임 방법
   ❶ 1~9까지의 숫자를 이용해 세 자리 수를 생각한다.
   ❷ 상대방의 숫자를 예측하여 말한다.
   　　− 숫자와 자릿수가 일치할 때: 스트라이크
   　　− 숫자는 있되 자릿수는 맞지 않을 때: 볼
   　　− 아무런 숫자가 포함되어 있지 않을 때: 아웃
   ❸ 교대로 말하며 최소한의 횟수로 상대방의 숫자를 맞추면 이김

3. 재민이와 난쟁이가 했던 게임을 다른 사람과 해 보려고 한다. 이길 수 있는 전략을 세워 보세요.

스승의 편지

"휴……."

드라버가 축 늘어진 채 가쁜 숨을 쉬고 있었다. 호닉스는 사라지고 없었다. 드라버의 공간 마법으로 아이들은 또 다른 공간으로 들어오게 되었다. 시간과 공간 속의 마법 세상 중 어느 한 곳일 것이었다.

"이곳은 어디죠?"

"그 글쎄다. 나도 잘…… 모르겠구나."

주위를 둘러보니 동굴의 모습과 비슷했다. 드라버는 여전히 힘들어했다.

"아저씨, 괜찮으세요?"

세라가 걱정되는 목소리로 물었다.

"난 괜……찮다. 금방 나아질 거야. 너희들 모두 무사하니?"

드라버가 말했다.

"네. 저희는 다 괜찮아요."

아이들이 대답했다.

"다행이구나. 위험한 상황이었는데……."

에너지를 많이 쏟은 듯 드라버는 부쩍 지쳐 있었다. 몸과 마음이 힘들어지자, 자신이 처한 여러 상황과 함께 아버지와 같았던 스승의 얼굴이 떠올랐다.

"스승님이 생각나는구나. 나도 이렇게 힘든데, 연로하신 분께서 대나무 숲속에서 얼마나 힘드실지……."

드라버의 눈시울이 붉어졌다.

"대나무 숲이요?"

"그래, 호닉스가 대나무 숲속에 스승님을 가두어 봉인해 버렸다고 했어."

'대나무 숲에 갇힌 할아버지라…….'

재민이는 갑자기 머릿속에 그림이 그려졌다. 대나무 숲의 할아버지, 어디선가 많이 본 듯한 이미지였다.

'그게 뭐였더라…….'

생각이 날 듯 말 듯 했다.

'아, 맞다! 성진이가 가져온 책.'

과학관에 오기 전 봤던 숨은그림찾기 책이었다. 원근감이 잘 살려져서 사실적으로 묘사된 그림들. 그중 하나의 장면이 있었다. 험한 산, 바위가 곳곳에 있는 산세가 험한 절경 속 대나무 숲과 그 안에 있던 한 노인. 지금도 생생히 기억나는 책의 한 페이지였다.

'어깨가 축 처지고 유난히 슬퍼하는 느낌이 들었어. 대나무 숲에 앉아 있는 흰옷을 입은 할아버지였는데, 어떻게 보면 마법사 같기도 한 것 같아.'

'에이, 설마.'

재민이는 말하려다 말고 입을 다물었다.

"그곳이 어딘지는 아세요?"

찬혁이가 물었다.

"아니, 대나무 숲에 갇혀 있다는 것밖에는……. 그곳이 어디인지는 전혀 알 수가 없어."

드라버는 고개를 떨구었다.

"아저씨, 호닉스가 혹시 스승님을 책이나 그림 이런 곳에 가둬둘 수도 있어요? 실제 대나무 숲이 아니라 다른 공간 같은 곳에요."

혹시나 하는 마음에 재민이가 물었다.

"책? 다른 공간? 글쎄다. 아직은 모르겠다. 어떤 방법으로 스승님을 가두었는지는……. 휴, 몸이 좀 힘들구나. 잠깐만 쉬자꾸나."

드라버는 잠시 누워 휴식을 취했다. 30분 정도 가만히 있으니 조금씩 기운을 차리는 듯했다. 간간이 묻는 말에만 답하면서 그대로 누워 있었다.

　세라와 다리를 다친 찬혁이가 드라버를 돌보는 동안 재민이와 동진이는 주위를 둘러보기 위해 밖으로 나갔다. 밖의 모습을 본 둘은 깜짝 놀랐다. 아이들이 있는 곳은 거대한 산맥의 산꼭대기, 주위 산 중에서 가장 높은 지점이었다. 우거진 봉우리와 숲들 속에 이상하리만큼 뾰족하게 높이 솟아 있는 화산 분화구였다.

　"바닥을 봐. 산 밑에서 뜨거운 연기가 올라와."

　지표면 사이의 갈라진 틈으로 뜨거운 기운과 연기가 조금씩 뿜어져 나오고 있었다.

　"화산이 폭발하려는 산의 꼭대기에 와 있는 것 같아. 어떡하지……."

　동진이는 얼마 전 뉴스로 보았던 노르웨이 화산 대폭발이 떠올랐다. 노르웨이에서 화산이 폭발하여 사방에 화산재가 날리고, 시뻘건 용암이 흐르던 모습이었다. 얼마 안 있어서 화산재, 화산가스, 화산 암석 조각 등 화산 분출물들이 이곳을 덮을 게 뻔했다. 아마 땅속에 마그마가 부글부글 끓고 있을 터였다.

화산 알아보기

싸매고 수업 속으로 풍당!

1. **화산이란?**
   높은 열에 의하여 땅속 깊은 곳의 암석이 녹아 마그마가 분출하며 생긴 지형

2. **화산 생김새의 특징**
   ① 화산 꼭대기에 움푹 파인 분화구가 있기도 하다.
   ② 분화구에 물이 고인 호수나 물웅덩이가 있는 곳도 있다.
   ③ 화산은 모양이 다양하다.

3. **화산이 분출할 때 나오는 물질(화산 분출물)**

구분	화산 분출물
고체	화산재, 화산 암석 조각
액체	용암(마그마가 지표면을 뚫고 나온 것)
기체	화산 가스(수증기 형태로 연기나 구름처럼 보임)

4. **화성암**
   화산과 마그마 활동으로 만들어진 암석으로 대표적인 화성암에는 현무암과 화강암이 있다.

구분	현무암	화강암
만들어진 방법	용암이 분출한 후 지표면에서 빠르게 굳은 암석	마그마가 땅속에서 서서히 굳어지며 만들어진 암석
모양	크고 작은 구멍이 있음	밝은 바탕에 검은색 알갱이가 보이고 반짝거림
알갱이	크기가 작음	크기가 큼
색깔	진한 회색	밝은 회색

"재민아! 저기 봐."

동진이가 소리쳤다. 땅에 부러진 대나무 조각 하나가 반쯤 박힌 게 보였다. 보물찾기의 명수다웠다.

"대나무 조각이야."

"산꼭대기에 웬 대나무가?"

땅에 박힌 대나무는 끝이 날카로웠고 무언가가 꽂혀 있었다. 빛바랜 노란색 종이였다. 물결무늬가 그려진 종이에는 무언가가 쓰여 있었다.

"빨리 들어가서 드라버 아저씨에게 알리자."

둘은 동굴 안에 대고 큰 소리로 소리쳤다. 세라와 찬혁이가 안에서 대답했다.

"여기 신기한 종이를 찾았어. 나와 봐."

동진이가 다시 한번 크게 소리쳤다. 찬혁이와 세라, 그리고 드라버가 천천히 걸어 나왔다. 드라버가 밖을 보고는 말했다.

"마법 산맥의 가장 높은 봉우리 마법 화산에 와 있구나. 앗, 이건 스승님만 쓰시던 물결무늬 종이인데?"

종이를 받아든 드라버의 손이 떨렸다. 그리고 천천히 종이를 펴들었다.

"이것은 호닉스의 힘이 닿지 않도록 주문을 걸어 두신 스승님의 편지구나. 우리 앞에 마법의 문제가 되어 나타났어."

"네? 아까 호닉스가 글자를 넣어 바꾸었다는 그 편지 말이에요?"

아이들의 눈이 동그래졌다.

"맞아. 분명히 그렇구나."

드라버는 고개를 크게 끄덕였다.

"마법의 문제는 마법 세상 여기저기 존재하지. 수백 년 그대로 한곳에 있기도 하고 이것처럼 여기저기 옮겨 다니기도 하고, 어떨 땐 변형되어 나타나기도 한단다. 하지만 모두가 마법의 문제란다."

드라버는 말을 계속 이어갔다.

"스승님이 우리를 도와주시는 것이 분명해. 대나무 숲에 갇히신 스승님께서 보내신 대나무 조각일 수 있겠어. 한참 호닉스가 나쁜 길로 빠져들 때 스승님이 호닉스의 힘을 빼는 마법의 글자를 만드셨지. 계속 나쁜 짓을 하면 마법의 힘을 쓰지 못하도록 주문을 걸어서 말이야. 그런데 그것을 호닉스가 알아내 다른 글자를 집어넣어 완전히 다른 주문으로 만들어 버렸다고 했는데, 이게 마법의 문제가 되어 지금 우리 앞에 나타나다니……."

그의 목소리는 조금씩 떨렸다. 드라버의 말대로 그의 스승이 손과 발이 모두 봉인되어 갇혀 있던 숲에서 눈빛의 힘으로만 대나무를 쪼개고 부수어 날려 보냈던 바로 그 편지였다.

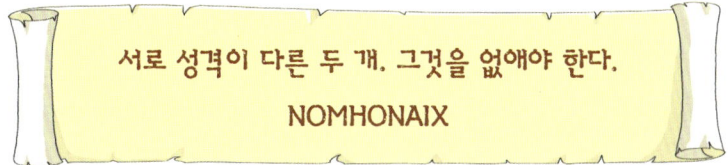

서로 성격이 다른 두 개. 그것을 없애야 한다.
NOMHONAIX

드라버가 펼쳐 놓은 편지 주위로 아이들이 몰려들었다.

"이게 뭐지? NOMHONAIX? 넘호나이X?"

영어 발음 그대로 읽어 보았다. 전혀 알고 있는 단어가 아니었다. 난생처음 보는 단어였다.

"마지막 발음이 좀 어려운데? X를 어떻게 읽지?"

"마지막에 있는 X는 크처럼 읽는 거 아니야. 넘호나이크? 이 중에 성격이 다른 것을 찾아라? 도대체 무슨 말이야?"

세라가 말했다.

"글자 하나씩 떼어 내면 어때? N. O. M. H. O. N. A. I. X. 뭐지?"

전혀 감이 잡히지 않았다.

"혹시 알파벳이 수학과 관련 있는 게 뭐가 있을까?"

재민이가 말했다. 재민이는 늘 이런 문제에 강했다. 지금까지 경험으로 봤을 때 수학과 관련된 마법의 문제일 것 같았다.

"알파벳은 영어 공부할 때 쓰는 거지 수학이 아니잖아."

찬혁이가 고개를 갸웃거렸다.

"그럼 알파벳, 즉 글자가 수학과 관련 있는 게 뭐가 있을까?"

아이들은 모두 생각에 잠겼다.

'글자와 수학, 글자와 수학'

동진이가 입으로 계속해서 되뇌고 있었다. 알 듯 말 듯 잡힐 듯 잡히지 않을 듯 무언가가 머릿속에서 맴돌았다.

"아, 맞다. 우리 수학 시간에 선대칭, 점대칭도형 배울 때 그런 글자도 같이 배웠잖아."

동진이가 무릎을 치며 소리쳤다. 조용한 성격의 동진이가 그렇게 큰 소리로 흥분하는 것은 처음 보는 일이었다.

"응? 무슨 소리야?"

"그러니까 알파벳이나 한글 등에서 선대칭도형과 점대칭도형을 찾아냈던 거 있었잖아."

동진이가 재민이에게 말했다.

"그게 신기해서 내가 정확히 기억하고 있어. 나중에 그런 글자로 보물 지도를 만들어야겠다고 혼자 생각했었거든."

인간 내비게이션 동진이다운 생각이었다.

"뭐야? 정말 그건가?"

세라가 손뼉을 쳤다. 알파벳과 대칭, 정말 그럴 듯했다.

"그래. 빨리 점대칭도형과 선대칭도형을 찾아보자. 여기에 쓰여 있는 알파벳을 구분해 봐."

아이들이 재빨리 땅에 그려 보고 머리로 생각하며 구분하기 시작했다. 알파벳을 쓰면서 조금씩 윤곽이 드러났다.

"얘들아, 선대칭도형은 O, M, H, O, A, I, X이고, 점대칭도형은 N, O, H, O, N, I, X야. N을 제외하면 모두 선대칭도형이 되고, M과 A를 제외하고 모두 점대칭도형이 돼."

세라가 말했다.

"N과 M, A?"

"혹시 이거 성질이 다른 M과 A를 말하는 거 아니야?"

"가만있어 봐, M과 A가 빠지면 N, O, H, O, N, I, X."

찬혁이가 알파벳을 쭈욱 읽었다.

"No!! Honix."

듣고 있던 재민이가 소리쳤다.

"응, '안 돼! 호닉스.'라는 말이야."

듣고 있던 세라도 놀라서 재민이를 바라봤다. 모두 깜짝 놀라 서로를 쳐다보았다. 그때 옆에서 듣고 있던 드라버가 흥분한 목소리로 말했다.

"스승님이 걸어 놓은 주문이 바로 No Honix였구나. 그런데 호닉스가 글자를 더 집어넣어 버린 거였어."

"우와."

아이들이 손뼉을 치면서도 소름이 돋았다.

"그럼 M과 A를 지우면 되는 거네요."

"그렇지. 네 말이 맞다."

드라버의 말을 듣고 찬혁이가 종이를 다시 구겼다. 그리곤 무데뽀답게 알파벳 부분에서 M과 A를 손으로 뚫어 뜯어냈다. 비록 구겨지고 뜯어졌지만, NO HONIX 글자가 연결돼 선명하게 보였다. 호닉스에 의해 바뀌었던 글자가 원래의 단어로 돌아온 것이다.

"이제 호닉스는 마법의 힘을 점점 잃어버릴 거야. 스승님의 마법 편지를 찾아 돌려놓았으니, 글자가 바뀌지만 않는다면 호닉스의 마법의 힘을 다시 빼앗을 수 있게 돼."

드라버는 한참동안 화산을 바라보며 어떤 생각에 빠져 있었다. 잠시 후 드라버는 그 종이를 구겨 대나무 조각에 다시 꽂았다. 두 손으로 대나무 조각을 꼭 감싸 안았다. 눈을 감고 크게 심호흡을 했다.

대칭 알아보기

1. **선대칭도형**

    한 직선을 따라 접어서 완전히 겹쳐지는 도형
    (쉽게 찾는 방법: 종이를 가운데로 접어보기)
    예 알파벳 A, B, C, D, E, H, I, K, M, O, T, U, V, W, X, Y

2. **선대칭도형의 특징**

    ① 대응점을 이은 선분은 대칭축과 수직으로 만난다.
    ② 각각의 대응점에서 대칭축까지의 거리는 같다.
    ③ 각각의 대응변과 대응각의 길이와 크기가 같다.

    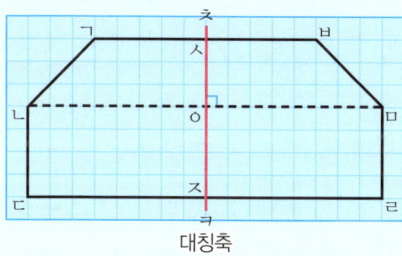
    대칭축

3. **점대칭도형**

    어떤 점을 중심으로 180° 돌렸을 때 처음 도형과 완전히 겹쳐지는 도형
    (쉽게 찾는 방법: 종이를 위아래로 거꾸로 돌려보았을 때 처음 모양과 같은 것)
    예 알파벳 H, I, N, O, S, X, Z

4. **점대칭도형의 특징**

    ① 대칭의 중심은 대응점을 이은 선분을 똑같이 나눈다.
    ② 각각의 대응변과 대응각의 길이와 크기가 같다.

    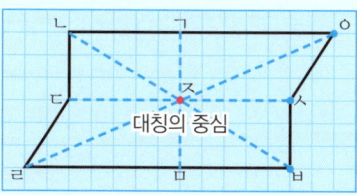
    대칭의 중심

"수리수리 발발타!"

드라버가 마법의 주문을 큰 소리로 외쳤다. 그리곤 곧바로 화산 분화구 구덩이로 저 멀리 던졌다. 대나무 조각은 발밑 저 아래 화산 분화구 깊은 곳으로 빨려 들어갔다. 땅속 뜨거운 마그마가 대나무 조각과 편지를 삼켜 버렸다.

호닉스의 마법이 완전히 힘을 잃는 순간이었다. 드라버는 호닉스의 마법이 완전히 풀린 것을 알 수 있었다.

"이제 글자를 절대로 바꿀 수 없게 됐으니 호닉스는 완전히 끝난 거 같다."

자신을 사방에서 족쇄처럼 옭아매던 나쁜 기운이 모두 없어진 것을 온몸의 세포 하나하나가 느끼고 있었다. 힘이 빠져 괴로워하는 호닉스의 소리가 들리는 듯했다.

드라버는 택시를 다시 불렀다. 호닉스의 마법 저항으로 인해 떨어져 나간 택시였다. 엉클어진 것들이 다시 원위치로 돌아오고 있었다. 서둘러 모두 택시를 탔다.

밖을 보니 시뻘건 불꽃이 곳곳에 터져 오르기 시작했다. 땅속의 미그마가 지표면 밖으로 나와 용암이 되어 흐르고 화산재와 화산암들이 터져 나오고 있었다. 드라버는 곧바로 시동을 켰다. 그리고 액셀을 밟으며 속도를 올리자 택시는 허공 높은 곳으로 떠올랐다. 화산이 폭발하는 모습이 유리창에 선명하게 나타났다.

"자, 조금만 기다리렴."

드라버는 속도를 높였다. 엔진 소리가 커지며 창문 밖이 완전히 깜깜해졌다. 드디어 마법 세계와 과거 세상을 오가던 모험이 끝나가고 있었다.

"아, 맞다. 궁금한 게 있는데, 난쟁이랑 대결할 때 했던 게임은 어떻게 된 거냐? 어떤 비법이 숨겨져 있는 거지?"

백미러 속 재민이와 눈이 마주친 드라버가 갑자기 생각난 듯 물었다.

"아, 그거요. 그건 처음 3을 말할 때부터 제가 이기게 되어 있었어요. 하하하."

재민이가 웃었다.

"3을 말할 때부터 승부가 결정 났다?"

드라버는 깜짝 놀랐다.

"이것을 이기는 방법은 간단해요. 거꾸로 생각해서 문제를 풀어야 해요. 뒷부분부터 차근차근 생각하는 거죠. 일단은 20을 말하지 않으면 되는 거고, 그러려면 내가 19를 말하면 이기는 거겠죠."

"그렇지. 나도 그 생각은 했어. 하지만 항상 네가 19를 이야기하더구나."

"하하하. 네, 만약 19를 말하려면 15를 말하기만 하면 돼요. 왜냐하면, 상대방이 최대한 말할 수 있는 게 16, 17, 18이니까요. 만약 16, 17을 상대방이 말하면 18, 19라고 하면 되고, 16을 말하면 17, 18, 19라고 내가 하면 되죠. 이런 방법으로 계속 뒤에서부터 숫자를 찾아내면 돼요. 19 앞에는 15, 15 앞에는 11, 11 앞에는 7, 7 앞에는 3을 말하면 이길 수 있어요."

"오, 신기한 방법이로다."

드라버가 감탄했다.

"어쩐지 아무리 난쟁이가 기를 쓰고 이기려고 해도 못 이기더니 그런 비밀이 있었어, 허허허."

"네. 19부터 앞으로 15, 11, 7, 3 이렇게 4칸씩의 숫자만 내가 말하면 되는 거죠."

재민이가 썼던 방법은 수학 시간에 배웠던 거꾸로 풀기였다. 어떤 답을 구하기 위해 뒤에서부터 차근차근 풀어내는 문제 해결 방법이었다.

거꾸로 생각하거나 식을 세워서 문제 풀기

거꾸로 푸는 방법은 2학년 교과서에서부터 나오고 일상생활에서 알게 모르게 수학적인 방법을 많이 사용한다.

예제 1 재민이가 찬혁이에게 구슬 7개를 받고 동진이에게 4개를 주었더니 30개가 되었다. 재민이가 처음 가지고 있던 구슬은 몇 개인가요?

예제 2 찬혁이는 교실에서 자리를 옮겼다. 바꾼 자리가 처음에 앉았던 자리에서 왼쪽으로 2칸 뒤로 3칸 옮겼다면, 처음 앉았던 자리는 어디인가요?

	찬혁				

정답 예제1. 문제를 식으로 생각하기 : □+7−4=30
거꾸로 생각해 보기 : 30+4−7=□
즉, 답은 27이 된다.

예제2.
거꾸로 생각하면 현재 자리에서 앞으로 3칸, 오른쪽으로 2칸을 가면 된다.

"너희 정말 똑똑하구나."

드라버가 다시 한번 감탄을 했다. 마법 택시는 슈우웅 소리를 내며 공간을 헤쳐 가는 것 같았다.

"이제 거의 도착한 것 같다. 착지할 때 약간 덜컹거릴 테니 꽉 잡으렴. 나왔을 때와 마찬가지로 우리는 백호재 터널로 들어가게 될 거야."

아이들은 안전띠를 확인하곤 서로의 손을 잡았다. 약간 긴장이 됐다. 세라는 눈을 질끈 감았다. 얼마간의 시간이 지났다.

'쿠쿠쿵.'

바닥에 착지하는 느낌이 났다. 밖을 보니 씽씽 주위로 차가 달리고 있었다. 백호재터널을 지나 4차선 도로 한가운데였다. 익숙한 도시의 모습이 멀리 보였다. 불빛이 켜져 가는 가로등과 빌딩 그리고 아파트, 드디어 현실 세상의 한국이었다.

"아저씨, 이제 우린 어떻게 하면 되죠?"

"이제 마지막 남은 암호를 찾아야지. 너희가 풀었던 문제의 답은 모두 기억나니?"

"네. 첫 번째 바위 문제가 7, 연투스 성주님 동굴 앞에서 3, 그리고 라쿠스 아저씨 문제가 9, 그리고 마지막에 대나무 조각 안에 들었던 게 알파벳 M, A였어요."

"그래 이제 그걸 이용해 마지막 남은 암호 해독 키와 암호를 풀어야 해. 알다시피 난 마법사 팬덤이라 인간계에서 몸의 에너지가 빠르게 소멸돼 택시 밖으로 나갈 수가 없구나."

아이들이 고개를 끄덕였다. 찬혁이가 뭔가 생각난 듯 다시 물었다.

"근데 이상한 게 저희가 기계에서 보았던 암호는 알파벳으로 된 암호였는데, 지금 우리가 풀어냈던 것들은 문자와 숫자가 섞여 있잖아요. 혹시 이런 암호를 푸는 방법을 알고 계세요?"

"글쎄다. 예전에는 복면산 사용도 많이 했었지. 그리고 나라끼리 전쟁 시에 스키니 암호 같은 것도 사용한 적이 있고 말이야. 문제의 답들이 과연 관련이 있을까?"

드라버는 곰곰이 생각을 했지만 전혀 알 수 없었다. 자신이 많은 도움이 되지 못해 미안했다. 눈치 빠른 찬혁이가 이런 드라버의 마음을 알아챘다.

"어렵겠지만 얘들아, 너희에게 부탁할 수밖에 없구나."

드라버는 기계에 가서 암호를 풀고 스승을 구하는 소원을 입력해 달라고 했다. 백미러로 드라버와 눈이 마주쳤을 때 마법세상을 원래대로 돌려놓으려는 절실함과 아이들을 향한 신뢰가 묻어났다.

"네! 걱정하지 마세요."

아이들은 드라버를 안심시켰다. 확신은 없었지만, 왠지 해낼 수 있을 것 같은 믿음이 있었다. 드디어 아이들이 사는 아파트 앞에 도착했다. 드라버는 아이들의 손을 한 명씩 꼬옥 잡으며 고마움을 표시했다.

택시에서 내린 아이들은 부모님께는 당분간 비밀로 하기로 했다. 다음 날 10시에 학교 앞에서 만나기로 한 후 아이들은 각자 집으로 향했다. 택시는 어느새 사라지고 없었다.

공부에 도움이 되는 수학·과학 톺아보기

★톺아보기란?
'자세히 살펴보다'라는 뜻의 순우리말입니다.

1. 화산활동이 일어날 때 발생하는 것을 두 가지 이상 쓰세요.

2. 선대칭도형과 점대칭도형은 수학 시간뿐만 아니라 우리나라의 한글에서도 많이 볼 수 있다. 한글에서 볼 수 있는 선대칭도형과 점대칭도형을 각각 세 글자씩 써 보세요.

3. 선대칭도형의 정의와 2개 이상의 선대칭도형을 그려 보세요.(대칭축 제시하기)

4. 점대칭도형의 정의와 2개 이상의 점대칭도형을 그려 보세요.(대칭의 중심 제시하기)

5. 드라버는 가진 구슬의 $\frac{1}{4}$을 찬혁이에게 주고, 남은 구슬의 $\frac{1}{3}$를 세라에게 주었더니 20개가 남았다. 처음에 드라버가 가지고 있던 구슬의 개수는 몇 개인가요?

절대 퍼즐을 풀어라

"재민이 왔구나. 과학관에는 잘 다녀왔니?"

엄마가 소파에 앉아 책을 읽고 있다가 문을 열고 들어오는 재민이를 보았다.

"네, 너무 즐거웠어요. 조금 늦었죠, 죄송해요."

"아니야. 이제 7시니까 약속 시각보다 30분 늦었네. 차가 좀 막혔니?"

현실 세계의 시간은 정말 멈추어 있었다.

"아니요. 차는 안 막혔는데요. 그냥 조금 신기한 일들이 있었어요."

"그래?"

엄마는 대수롭지 않은 듯 보던 책을 덮고 식사 준비를 위해 주방으로 갔다.

"엄마는 오늘 별일 없으셨어요?"

"응, 별일 없었지. 이모랑 오랜만에 수다도 떨고 재미있었단다. 아까 성진이랑 이모는 집에 갔고……."

"아, 맞다. 성진이가 집에 왔었지?"

재민이는 혼잣말을 했다. 엄마는 그것도 잊어버렸냐는 듯 어이없을 때 짓는 엄마 특유의 표정이 보였다.

"근데 엄마, 오늘 집에 계시면서 이상한 일 없었어요? 그러니까 시간이 멈췄다거나 아니면 갑자기 어린 시절로 다시 돌아갔다거나……. 뭐 그런 거요."

"응?"

무슨 뚱딴지같은 소리냐는 얼굴이었다.

"아, 아니에요. 엄마."

재민이는 얼른 방으로 뛰어서 들어갔다. 더 이야기하고 싶은 마음이 굴뚝같았지만, 꾹 참았다. 방에 들어온 재민이는 괜히 배시시 웃음이 터져 나왔다. 어이없어하는 엄마의 표정이 계속 생각났다.

재민이는 저녁을 먹고 샤워를 했다. 찝찝했던 몸이 한결 개운해졌다. 깨끗이 씻고 침대에 눕자 그동안의 피로가 한꺼번에 몰려왔다. 재민이는 곧바로 잠이 들어 아침까지 깨지 않고 오랜만에 푸욱 잘 수 있었다.

다음 날, 재민이와 친구들은 일찍부터 만났다. 찬혁이는 피곤했는지 아직 나오지 않고 있었다.

"어제 어땠어? 부모님은 모르시지?"

"응, 전혀……."

"진짜 신기해. 정말 시간이 그대로 멈추어 있었나 봐."

아이들은 자신들만 알고 있는 비밀스러운 일들이 재미있고 신기했다. 잠시 후, 재민이가 이야기를 시작했다.

"어때 암호는 좀 생각해 봤어?"

"아니, 피곤해서 그냥 완전히 뻗어서 잤어."

동진이는 밥만 먹고 바로 곯아떨어졌다고 했다. 모두 마찬가지였다. 재민이도 눈만 잠깐 감았을 뿐인데 아침이 되었다고 우스갯소리를 했다.

"암호를 풀려면 먼저 암호 해독 키를 알아야겠지? 암호 해독 키가 도대체 뭘까? 다섯 개의 빈칸이 있었으니 다섯 글자란 말이겠지?"

하지만 뾰족한 방법이 떠오르지 않아 서로의 눈만 멀뚱멀뚱 쳐다보았다.

"아, 맞다. 어제 드라버 아저씨가 암호를 푸는 방법으로 복병…… 뭐라고 하지 않았어? 아, 그게 뭐였더라."

"복면산. 복면산을 사용하기도 했다고 했어."

"복면산이 뭐야?"

사실 모두 어제 처음 들었던 말이었다. 아이들은 복면산을 검색해 보았다. 인터넷을 치니 뜻이 바로 나왔다.

"숫자를 문자로 숨긴 것, 숫자가 복면을 쓰고 있는 연산. 숫자를 문자로 숨겨서 나타내고, 그 문자가 나타낸 숫자를 찾아내는 거래. 여기 유명한 문제가 있어."

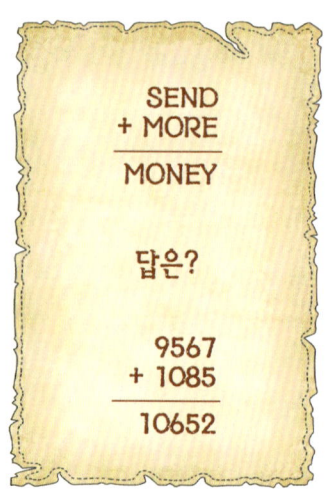

"숫자를 알파벳으로 바꿔서 문제를 푸는 것 같아. 내가 너에게 알파벳으로 문제를 내면 네가 나에게 그것을 풀어서 숫자로 답을 말하는 거지."

"응, 알파벳이 뜻하는 숫자를 찾는 거로구나. S가 9, E는 5, N은 6처럼……."

"이게 찾은 답 M, A, 3, 7, 9랑 무슨 관련이 있을까? M과 A가 숫자로 사용된 건가? 그렇다면 숫자로 이루어진 하나의 암호 해독 키? 총 다섯 글자로 개수는 맞는데……."

조금 더 관련된 자료를 살펴보기로 했다. 각자 핸드폰으로 인터넷을 검색하며 암호, 퍼즐 등 여러 가지를 찾아보았다.

"얘들아, 이것 좀 봐. 옛날 사람들은 알파벳 순서에 따라 숫자를 대입시켜 암호로 사용했다고 나와 있어."

세라가 손으로 기사 하나를 가리켰다. 알파벳을 차례대로 쓴 후 순서대로 숫자로 바꿔 암호로 만들었다는 내용이었다.

"오. 이거 그럴듯한데."

"숫자를 알파벳으로 바꾸어 보는 거야. 복면산과 반대로."

"문자를 숫자로 바꾸지 않고 숫자를 문자로 바꾼다는 거지?"

"응, 알파벳을 쓰고 그 위에 숫자를 차례대로 써서 암호화시키는 거지."

동진이가 커다란 연습장을 꺼냈다. 그리고는 알파벳을 순서대로 쓰기 시작했다.

"A, B, C, D, E, F, G, H, I, J, K, L, M, N, O, P, Q, R, S, T, U, V, W, X, Y, Z."

"자, 그 다음에는 그 밑에 숫자를 써 보는 거야. 1, 2, 3, 4, 5, 6, 7, 8, 9, 10, 11, 12, 13, 14, 15, 16, 17, 18, 19, 20, 21, 22, 23, 24, 25, 26."

알파벳과 숫자가 연결되었다.

"3은 C, 7은 G."

"그럼 9는 I랑 만나는 거네."

"M, A, C, G, I?"

"이게 무슨 말이지, 혹시 알파벳 순서를 바꿔서 단어를 만드는 건가?"

"그런 것 같아. 이 알파벳으로 이루어진 단어가 무엇이 있는지 찾아보자. 내가 M, A로 시작하는 단어를 찾을 테니까, 세라가 C, G, 동진이가 I로 시작되는 단어를 찾아봐."

"오케이, 누가 빨리 찾나 내기하는 거다."

"I로 시작되는 단어라……."

아이들은 각자 단어를 찾아보기로 했다. 동진이와 세라는 스마트폰을 이용해 영어사전과 인터넷으로 단어를 찾았다. 옆에서 재민이는 글씨를 직접 연습장에 쓰고 있었다.

"MACGI, MAICG, MAGCI, MAGIC?"

재민이가 입으로 알파벳을 읽었다.

"어, MAGIC?"

재민이는 MAGIC을 여러 번 되뇌며 한참을 중얼거렸다.

"MAGIC, MAGIC, MAGIC, MAGIC. 얘들아, 이거 혹시 MAGIC 아니야?"

"매직?"

아이들은 눈이 번쩍 커졌다. MAGIC, 한글로 마법이라는 뜻이었다. 지금까지의 모험에 꼭 들어맞는 말이었다.

"응, 영어로 마법이라는 뜻이야."

"마법 세계에서 있었던 절대 퍼즐의 암호 해독 키가 매직이라면 정말 그럴듯해."

"그리고 숫자와 알파벳도 정확하게 일치하고……."

"그래그래. MAGIC, 마법."

점점 확신이 들었다. 이보다 더 정확한 말은 없는 것 같았다.

"와우!"

"응. 얘들아, 우리가 찾아낸 것 같아. 암호 해독 키는 바로 매직이야."

아이들이 기쁨에 소리를 질렀다. 짜릿한 전율이 온몸을 감쌌다. 이제 마지막 관문이 남아 있었다. 암호 해독 키를 알아냈고, 이제 암호를 풀어내는 것이다. 암호는 알파벳으로 아무렇게나 쓰여 있었다. 암호 해독 키와 암호의 관계를 알아내야 했다.

"민준아, 혹시……."

고민을 하며 주위에 알만한 친구에게 전화도 해 보았지만, 아는 사람이 아무도 없었다.

"근데 찬혁이 이 녀석은 왜 안 오는 거야?"

"올 때 김밥 좀 사 오라고 해야겠어."

재민이 배에서 꼬르륵 소리가 들렸다.

지난밤, 찬혁이는 절대 퍼즐을 풀기 위해 고민하다 '암호 대백과'가 생각났다. 괴짜로 소문난 동네 형이 군대에 가면서 준 것이었는데, 너무 어려워서 책장 한편에서 잠자고 있었다. 이 책에는 고대시대에 쓰였던 암호부터 미래의 암호까지 암호에 대한 모든 것들이 나와 있었다.

찬혁이는 자신의 힘으로 절대 퍼즐의 실마리를 풀고 싶었다. 공부는 별로 잘하지 못했지만, 독창적인 생각과 엉뚱한 매력을 가지고 있었다. 오랫동안 보지 않아 쌓인 먼지를 털며 1권을 꺼내 처음 장부터 살펴보기 시작했다. 일단 무작정 저지르고 나서 생각하는 찬혁이의 스타일이었다.

'암호는 암호화를 이루는 개념이라기보다는 정보를 애초에 없는 것처럼 속이는 방식으로 정보를 전달했던 개념으로……. 도대체 뭔 소리야?'

일단 설명이 길게 나와 있는 것들은 거들떠보지도 않고 넘겨버렸다.

'패스.'

'이것도 패스.'

'음, 이것은 그럴 듯해. 좀 읽어 볼까?'

눈에 끌리고 보고 싶은 대목은 조금씩 읽어 가며 이해하려 노력했다.

'다시 패스. 글씨도 작고 정말 너무 어렵군.'

혼잣말로 계속 중얼거리며 책장을 넘기다 보니 어느새 책 한 권이 금방 넘어갔다.

'아, 힘들어. 이 녀석들은 나의 이런 노력을 알랑가 몰라. 그나저나 암호가 엄청나게 많이 사용되었구나.'

찬혁이는 졸린 눈을 비비며 기지개를 쭈욱 폈다. 엄마가 방에 불이 켜진 것을 보며 별일이라는 듯 놀란 눈으로 왔다가 갔다. 암호의 세계는 생각했던 것보다 어마어마했다. 스파르타군이 전쟁 중에 사용했던 암호, 악보에 글자를 숨겨 사용했던 악보 암호 그리고 그것을 적용했던 여러 전투와 전쟁 이야기까지 엄청 많았다. 대충대충 넘어간 것만 쳐도 벌써 세 권째였다.

그러다 책의 글귀에 찬혁이의 시선이 멈추었다.

'뭐야? 이건 그때 과학관에 쓰였던 것과 비슷한데······.'

글자가 옆으로 쭈욱 나열된 암호였다.

곳병원라그보초내은고을보기에만으병남명로
-> 기병은 그곳에 남고 보병 만 명을 초원으로 보내라

암호 해독 키: knife

'오, 이게 뭐지.'

찬혁이는 그것을 뚫어져라 보았다. 그리고 오만상을 쓰며 몇 번을 읽고 또 읽었다. 연습장을 꺼내 이것저것을 써 보며 여러 차례 무언가를 썼다 지우기를 반복했다.

찬혁이는 한참을 반복한 후 확신한 듯 두 손을 불끈 쥐었다. 핸드폰을 들어 누군가에게 전화하려다 시계를 보고 다시 책상

위에 두었다. 그리곤 연습장에 쓴 종이를 찢어 바지 주머니에 구겨 넣은 채 그대로 잠이 들었다. 알람도 듣지 못하고 잠을 자던 찬혁이가 깜짝 놀라 헐레벌떡 일어났다.

　아이들이 잠시 머리를 식히며 쉬고 있을 때 재민이의 전화가 울렸다. 찬혁이였다. 찬혁이는 늦잠을 자서 이제 일어났다며 당장 가겠다고 말했다.

　얼마 후 찬혁이는 방금 자고 일어난 듯 부스스한 모습에 세수만 한 모습으로 나타났다.

　"애들아, 대박! 나 암호를 풀 만한 것을 찾아낸 것 같아."

오자마자 다짜고짜 큰소리를 쳤다.

"흥, 늦게 와서 할 말 없으니까……."

"진짜라니까. 내 이야기 좀 들어 봐."

세라의 구박을 받으며 찬혁이가 말하기 시작했다.

"내가 예전에 현태 형에게 암호 대백과 전집을 받았잖아. 어제 드라버 아저씨가 고대 암호라고 말씀하셔서 집에 있는 책들을 몽땅 찾아봤는데, 우리가 봤던 암호문과 형태가 비슷한 것을 발견했어."

귀가 솔깃해진 아이들은 찬혁이 앞으로 바싹 다가갔다. 찬혁이는 밤새 책에서 찾은 이야기를 하며 목소리에 힘을 가득 주었다.

"일단 암호는 치환 암호와 전치 암호가 있는데, 너희 수준에 이런 것은 말해도 모를 테니 패스."

찬혁이가 아는 체하며 으스댔다.

"흐흐흐, 농담이고. 지금부터 잘 들어 봐. 먼저 고대에 왕들이 암호로 쓰던 방법이 있어. 근데 그게 예전에 우리가 과학관에서 봤던 암호랑 아주 비슷해. 예를 들어, 말도 안 되는 여러 말이 쭈욱 쓰여 있는데, 이것을 암호로 풀어내는 거야. 혹시 '린의무돌두계히왔모세사와우법서아마에살다' 이게 무슨 말일 것 같아?"

찬혁이가 어젯밤 자신이 쓴 구겨진 연습장을 꺼내 글자를 보여 주며 아이들에게 물어보았다.

"린의무돌……. 그게 뭐야? 따라 하기도 어렵다."

동진이가 말했다.

"이게 지금은 아무런 뜻도 없는 글 같지만, 이것에 암호 해독 키를 넣어서 풀면 '우린 모두 마법의 세계에서 무사히 살아 돌아왔다.'가 돼."

"우와, 신기하다. 어떻게 되는 거지?"

아이들은 눈이 동그래졌다. 놀라는 아이들을 보며 찬혁이가 씩 웃으며 계속 설명을 해 나갔다.

"일단 암호 해독 키를 알아야 해. 암호 해독 키가 암호를 풀 수 있는 핵심 열쇠야. 암호를 주고받는 몇몇만 미리 알고 있는 거지. 예를 들면, 왕과 장군 같은 사람. 조금 전 내 암호 해독 키는 '즐거운 모험'이라는 단어였어."

"아!"

"그럼 암호를 전달하는 사람이 아까 그 쪽지를 왕에게 전달해. '린의무돌두계히왔모세사와우법서아마에살다'라고 쓰인 쪽지겠지?"

"응, 그래."

아이들은 고개를 끄덕였다.

"이것을 받은 왕은 미리 알고 있던 '즐거운 모험'이라는 암호 해독 키에 맞춰 해독하면 돼. 위에 '즐거운 모험'이라고 암호 해독 키를 써 놓는다면 이 암호의 총 글자 수가 20개이고, 암호 해독 키는 다섯 글자니까 20÷5=4. 즉, 가로 5칸 세로 4칸의 퍼즐이 돼. 여기에다 암호문 '린의무돌두계히왔모세사와우법서아마에살다'를 집어넣는 거야. 이때 중요한 건 한글 자음 '즐거운 모험'의 앞 글자 ㄱ, ㄴ, ㄷ, ㄹ 순서에 맞춰 세로로 써 나가야 한다는 거야. 즐거운 모험 중 '거'가 제일 빠르고 다음이 '모', 그다음이 '운', '즐', '험'. 그렇다면 이런 식이 되지."

찬혁이가 메모지에 표를 그려 넣었다.

암호 해독 키	즐(4)	거(1)	운(3)	모(2)	험(5)
암호문	우	린	모	두	마
	법	의	세	계	에
	서	무	사	히	살
	아	돌	아	왔	다

"우린 모두 마법의 세계에서 무사히……. 우와, 대단하다. 완벽해."

아이들은 암호문을 읽으며 손뼉을 쳤다.

"그렇다면 암호 해독 키가 한글일 수도 영어일 수도 있겠구나. 순서대로 암호를 집어넣으면 되니까."

"바로 그거야."

"오, 그럼 우리 암호를 다 푼 것 아니야?"

"우린 아직 암호 해독 키를 못 찾았잖아. 암호 푸는 방법만 알아내면 뭐해? 어떤 순서로 배열해야 할지 암호 해독 키를 모르는데……."

찬혁이는 아이들이 암호 해독 키를 찾은 걸 아직 모르고 있었다. 이번에는 다른 친구들이 우쭐댈 시간이었다.

"하하하, 너 없을 때 찾아냈어. 암호 해독 키는 매직이야.

MAGIC."

재민이가 말했다.

"진짜?"

아이들은 찬혁이에게 암호 해독 키를 풀어낸 과정을 설명해 주었다. 찬혁이는 이야기를 들으며 눈이 점점 커졌다. 원래 컸던 두 눈이 앞으로 튀어나올 지경이었다. 말을 들으면서 점점 확신이 들었다. 암호 해독 키는 MAGIC, 그리고 MAGIC의 알파벳 순서에 맞추어 암호를 조합하면 되었다.

"이야, 그럼 우리가 절대 퍼즐의 암호까지 다 푼 거야?"

탄성이 저절로 터져 나왔다.

"지금 당장 과학관에 가 보자."

아이들은 날아갈 듯한 발걸음으로 과학관에 가는 버스를 탔다. 마침 과학관으로 가는 버스가 금방 왔다. 과학관에 도착한 아이들은 서로 질세라 뛰어서 들어갔다.

"야, 여기 있다."

여러 전시물과 다르게 방에 덩그러니 놓인 기계는 여전히 그 자리에 있었다. 사실 현실 세상은 단지 하루만 지났을 뿐이었다. 점심시간이 가까워서인지 이 방 안에는 관람객이 아무도 없었다.

"이게 바로 드라버 아저씨가 말한 절대 퍼즐. 이것을 풀면 드라버 아저씨의 스승님을 구할 수 있다는 거지."

아이들은 떨리는 마음으로 시작 버튼을 눌렀다.

"반갑습니다. 마법의 세계에 오신 것을 환영합니다."

지난번과 똑같이 화면이 밝아지며 글씨가 떴다. 확인 버튼을 눌렀다.

이 암호를 푸시오.
HROPEDS.EERESTINTCOO

"암호 해독 키가 MAGIC이라면……."

재민이가 연습장을 꺼내 빠르게 알파벳들을 쓰기 시작했다.

"자, 이 글자 개수가 가운데 점까지 해서 모두 20개야. 그리고 매직(MAGIC) 글자 수가 다섯 글자니까 5×4. 즉, 가로는 5칸, 세로는 4칸의 퍼즐을 그려 넣으면 돼."

찬혁이가 익숙한 모습으로 재민이 글자 아래에 칸을 쓱쓱 그렸다. 어젯밤 연습을 많이 한 듯 막힘없이 그려 나갔다.

"MAGIC의 알파벳 순서는……."

"당연히 A부터 시작해야지."

세라가 빠르게 대답했다. 찬혁이가 뒤를 이었다.

"그다음으로 C, G, I, M 순서로 글자를 넣으면 되겠다."

옆에서 보고 있던 아이들도 손에서 땀이 났다. 알파벳 순서에 따라 찬혁이가 세로로 글자를 써넣기 시작했다.

"A 아래에 HROP, C 아래에……."

HROPEDS.EERESTINTCOO가 차례대로 표 안에 가득 채워졌다.

암호 해독 키	M(5)	A(1)	G(3)	I(4)	C(2)
암호문	T	H	E	S	E
	C	R	E	T	D
	O	O	R	I	S
	O	P	E	N	.

"이것 봐, 애들아."
아이들은 쓰여 있는 글자를 순서대로 써 보았다.

THE SECRET DOOR IS OPEN.

'비밀의 문이 열린다.'라는 뜻이었다.
모두의 심장이 쿵쾅쿵쾅 뛰었다. 이제 답을 입력하는 것만 남았다. 손이 떨려 재민이가 한 글자씩 천천히 쳐서 넣었다. 찌릿찌릿 전기가 통하는 느낌이었다. 자판을 누르는 소리가 유난히 크게 들렸다. 마지막 마침표를 찍고 다 함께 엔터키를 눌렀다.

절대 퍼즐 해결!
마법 세상의 소원을 입력하시오.

메시지가 떴다. 아이들은 모두 큰 소리로 환호성을 질렀다. 서로 부둥켜안고 펄쩍펄쩍 뛰었다. 기쁨은 말로 표현할 수 없었다. 누가 뭐라 말하지 않아도 서로의 마음을 느낄 수 있었다.

한동안 모두 기쁨과 감동을 만끽했다.
"자, 이제 소원을 입력하자."
드라버 아저씨의 스승님을 풀어 주기로 했던 마음은 변함이 없었다. 이번에는 찬혁이가 한 글자 한 글자 소원을 입력했다.

드라버 아저씨의 스승님이 풀려나게 해 주세요.

찬혁이가 마지막 확인 버튼을 눌렀다.
"소원이 이루어졌습니다."
절대 퍼즐 화면이 반짝거리며 음성이 나왔다.

"우와, 너무 좋아."

재민이의 눈시울이 붉어졌다. 왠지 조금 창피한 기분이 들어 얼른 고개를 뒤로 돌렸다. 소매로 눈물을 훔치고 다시 돌아섰다. 세라의 눈에도 그렁그렁한 눈물이 보였다.

"이제 드라버 아저씨의 스승님도 대나무 숲에서 풀려 나실 수 있는 건가?"

떨리는 목소리로 찬혁이가 말했다.

"응, 분명히 그렇게 된다고 했으니까."

"정말 잘 됐어."

지금까지 마법 세계에 들어가서 고생했던 일들이 떠올랐다. 갑작스럽게 마법 택시를 탄 후 벌어진 여러 모험이 주마등처럼 스쳤다. 감동의 여운이 오래도록 계속됐다. 진심으로 서로를 격려하며 축하를 건넸다.

"난 다시 한번 택시를 타고 마법 여행을 했으면 좋겠어. 처음에는 무섭기도 했는데, 지금이라면 다시 돌아가도 재밌을 것 같아."

돌아가는 길에 세라가 말했다.

"그러게. 나도 꼭 다시 가 보고 싶어."

과학관을 나와 어깨동무를 하고 걷는 아이들 뒤로 따스한 햇볕이 비추고 있었다.

두 달 후 재민이는 방학이 되어 사촌 성진이와 함께 미국에 있는 큰 이모 집에 가게 되었다. 한 달 동안의 즐겁고 신나는 방학이었다. 여느 때와 마찬가지로 오전에 영어 공부를 하고 점심을 먹은 후 사촌들과 어울려 밖에서 놀았다.

"어휴, 땀난다. 정말 재미있게 놀았네."

한 2시간 가까이 공원으로 난 자전거도로를 이용해 자전거를 탔다. 집으로 돌아와 보니 우편함에 편지가 한 통 와 있었다.

'받는 사람 Jaemin(재민), 보내는 사람 D'

"뭐야? 누구지? 한국에서 온 건가?"

재민이는 봉투를 열어 보았다. 반듯하게 접힌 하얀 종이가 들어 있었다.

> 암호 해독 키 : 우리가 함께 탔던 택시 이름
> 암호 : 정다은시드말스무단하맙님하--고승사다버

"혹시 D라면……."

가만히 보니 편지 봉투에 우표가 찍혀 있지 않았다. 재민이는 얼른 방으로 들어가서 암호를 맞추기 시작했다. 아이들과 함께 풀었던 그때 그 방법이었다.

"아, 왜 이렇게 떨리지."

오랜만에 느껴보는 두근거림이었다. 연필을 잡고 있는 손도 떨려 칸을 그리는데도 줄이 삐뚤빼뚤했다.

"설마, 정말 드라버 아저씨?"

떨리는 마음으로 암호를 해독해 나갔다. 함께 탔던 택시라면 마법 택시를 말하는 것일 터였다. 총 20글자에 암호 해독 키가 마법 택시, 가로 4칸에 세로 5칸의 형태였다. 한 글자씩 써 가자 암호가 완성되어 갔다.

암호 해독 키	마(1)	법(2)	택(4)	시(3)
암호문	정	말	고	맙
	다	스	승	님
	은	무	사	하
	시	단	다	-
	드	라	버	-

정말 고맙다 스승님은 무사하시단다
-드라버-

드라버, 잠시 까맣게 잊어버리고 있던 이름이었다. 어학연수를 와서 적응하느라 더더욱 정신이 없었기도 했었다. 재민이는 창문을 열어 밖을 쳐다보았다. 아무도 없었다.

"형, 무슨 편지가 그래? 우표도 없고, 드라버가 누구야? 누가 장난친 건가?"

그 모습을 보면서 사촌 동생 성진이가 물었다.

"아, 아무것도 아니야."

재민이가 얼른 대충 얼버무렸다. 편지는 드라버 아저씨가 가져다 놓은 게 틀림없었다.

'언제 오셨었지?'

아쉬운 마음에 서둘러 현관으로 나갔다. 차들이 다니는 길가까지 나가 보았지만, 드라버도 마법 택시도 보이지 않았다.
'드라버 아저씨가 편지를 주려고 미국까지 마법 택시를 타고 오신 모양이야.'
재민이는 갑자기 웃음이 피식 나왔다.
'아저씨, 나중에는 그냥 가지 마시고 꼭 한번 만나요.'
길가의 차들을 향해 괜스레 손을 흔들고 속으로 외쳤다.

방으로 들어오니 성진이가 말했다.
"형, 있잖아."
"응?"
"예전에 형하고 같이 했던 숨은그림찾기 책 기억나? 내가 집에서 가지고 갔던 거?"
"당연히 기억나지."
"그거 되게 신기한 일이 있었는데, 그때 그림 중에 대나무 숲 안에 있던 할아버지 그림도 혹시 생각나?"
"응, 기억나. 근데 왜?"
"나중에 다시 보니까 그 할아버지가 없어졌다."
"뭐?"
"안 믿겠지만 거짓말 하나도 안 보태고 진짜야. 그림 속에 있던 할아버지가 나중에 없어졌어. 확실해, 여러 번 확인했어."
재민이는 성진이의 말을 듣자 몸에 소름이 돋았다.
"야! 그걸 왜 지금 말해?"
"왜 내가 알려줬어야 해? 형이 물어보지도 않았잖아."

"미 미안. 아 아니야."

"근데 성진아 그 책 지금 어디 있어? 한국 집에 있어?"

"아니. 엄마가 마을 도서관에 기증했대. 우리 집에 워낙 책이 많잖아. 나한테 물어보지도 않고 공부에 별 도움 안 되는 책이라고 책장 정리하면서 몇 상자나 갖다 줬대. 나중에 내가 그 그림에 대해 말했는데, 엄마는 잘못 봤을 거라면서 오히려 혼내기만 하시고……."

"정말? 그럼 책을 좀 다시 찾아보지 그랬어?"

"그렇지 않아도 내가 며칠 있다가 마을 도서관에 갔었지. 그런데 책을 갖다 준 다음 날 누가 와서 바로 빌려 갔다고 하더라고. 챙 모자를 쓴 택시 아저씨와 웬 할아버지라고 했어. 자꾸 빨간약을 홀짝거리며 자신의 추억이 담긴 꼭 필요한 책이라고 하면서 거듭 부탁했었대."

"정말?"

"응, 나도 그 책을 다시 갖고 싶어서 몇 번 전화해 봤는데, 그 사람들이 빌려 간 이후로 다시 안 돌아왔다던데……."

성진이의 말을 들으며 재민이는 놀란 가슴이 진정이 되지 않았다. 휴, 하고 여러 번 깊은숨을 내쉬었다. 하지만 여전히 심장은 큰 소리로 방망이질했다.

'정말 책 속의 할아버지가 드라버의 스승님이었구나. 그리고 드라버 아저씨와 스승님이 책을 가지고 가신 거였어. 무사하시다니 정말 다행이다.'

재민이는 암호문을 사진으로 찍었다. 그리곤 카페에 비밀 글을 작성했다. 사진과 함께 글을 올린 후 찬혁이와 세라, 동진이에게 문자를 보냈다.

"드라버 아저씨에게서 온 암호문이야. 친구들아, 카페 들어와서 보고 소감 한마디씩 남겨 줘. 혹시 알아? 드라버 아저씨가 이것도 보고 계실지……."

친구들로부터 앞다퉈 댓글이 달렸다.

　┕, 드라버 아저씨 다시 오셨네요. 나중엔 한국으로 택시 타고 한 번 더 오세요. 찬혁

　┕, 아저씨 덕분에 멋진 시간 여행을 할 수 있었습니다. 다른 기회가 있으면 또 초대해 주세요. 사랑해요. 동진

　┕, 마법 여행 속에서 너무 많은 것을 배우고 느꼈어요. 좋은 일 많이 하는 마법사가 되세요. 아르키메데스, 연투스, 라쿠스님도 보고 싶다. 근데 재민아, 나 박사님은 잘 계셔? 세라

재민이도 그 밑에 글을 남겼다.

　┕, 삼촌은 우리와 여행 후 남극 세종기지로 발령받아 가셨는데, 연락이 전혀 안 된대. 엄마께서 덜덜덜 떨면서 잘 지내신다고만 했어, 흐흐. 아! 그리고 깜짝 놀랄 이야기가 하나 더 있는데, 이건 한국에 가서 말해 줄게. 숨은그림찾기의 비밀.

아이들은 행복한 생각과 추억에 모두 잠겼다. 언제가 될지 모

르지만, 다시 한번 즐거운 모험을 할 수 있는 시간을 기약했다. 그날 밤 재민이는 성진이가 잠이 든 후 책꽂이에 꽂아둔 책을 꺼내 들었다. 아르키메데스를 추억하며 자신이 서점에서 샀던 이야기책, 여러 번 읽고도 재미있어 접어 두었던 곳이었다.

'슝!'
'슝!'
'쿵!'
'쾅!'

각종 돌을 실은 투석기에서 커다란 돌들이 로마군을 향해 비 오듯 쏟아지고 있었다. 이것은 사정거리와 이동이 자유로운 아르키메데스의 발명품이었다.

아르키메데스는 자신의 고향에 침입한 로마군을 혼쭐을 내주기로 다짐했다. 마을 사람의 배반으로 위기에 처한 아르키메데스가 전열을 정비하여 인접한 성주와 함께 다시 공격에 나선 것이다. 자신이 평소에 구상하고 설계해 놓았던 여러 무기와 도구를 밤낮없이 만든 후 거대한 바퀴 차에 실어 로마군에게 들키지 않게 접근하여 작전을 수행 중이었다.

수많은 돌은 로마군의 진지 속으로 떨어지며 그들에게 피해를 주었다. 그들의 사정거리보다 훨씬 먼 거리에서 날아오는 커다란 돌들에 나무로 만들어진 진지는 박살이 났고, 놀란 로마군들은 허둥지둥했다.

"어느 쪽이냐? 빨리 전열을 정비하라."

불시에 기습받은 로마군 장수의 다급한 명령이 들렸다. 하지만 주위를 둘러보니 온통 번쩍번쩍 반사되는 빛들로 인해 정신이 없었다. 곳곳에 숨겨지고 세워져 있던 커다란 거울에서 반사되는 빛들로 눈을 뜰 수 없는 지경이었다.

 미처 전열을 정비할 틈도 없이 이제는 가까운 곳에서 수많은 화살이 날아들기 시작했다. 아르키메데스가 만들어 보급한 스콜피온이라 불리는 근거리 발사기였다.

 '휙.'
 '휙.'
 '휙.'
 "으악."
 '휙휙.'

명사수로 구성된 성주의 부하들과 아르키메데스 쪽 군인들은 적군 한 명 한 명을 정확하게 그들의 화살로 쓰러뜨렸다. 작은 틈으로 삐져나온 몸통에 스나이퍼들의 화살이 여지없이 박혔다. 하늘 위에서 수직으로 떨어지는 커다란 돌들과 가까이서 정확하게 날아드는 화살로 인해 로마군은 어찌할 줄 몰랐다. 사방에서 떨어지는 무수한 돌들과 화살은 로마군의 진지와 인명에 커다란 피해와 두려움을 주기에 충분했다.

"와!"

"한 놈도 빠짐없이 모두를 처단하라."

그 순간 나팔 소리와 함께 여기저기서 매복해 있던 보병들이 곳곳에서 쏟아졌다. 그들의 칼날 앞에 사기가 떨어진 로마군은 속수무책으로 당했다. 기세가 오를 대로 오른 성주와 아르키메데스의 연합군은 사정없이 몰아붙였고, 그들의 위력 앞에 로마군은 힘없이 쓰러지고 있었다.

'쓰윽.'

"으악."

"아악."

"일단 이곳을 피하라. 그리고 빨리 바닷가에 있는 우리의 전함으로 이동하라."

다급한 로마군 장수의 목소리와 함께 퇴각을 알리는 북소리가 들렸다. 로마군은 엄청난 피해를 입어 피할 수밖에 없었다. 그들은 전력을 다해 배로 도망가기 시작했다. 하지만 그곳에 간 병사들은 자신의 눈 앞에 펼쳐진 놀라운 광경에 입을 다물지 못했다.

 십여 미터가 넘는 기둥에 달린 갈고리가 자신들의 배 옆쪽을 걸어 들어 올리며 배를 파괴하고 있었다. 아르키메데스가 지렛대의 원리를 이용하여 만든 거대한 회전 크레인이었다.

 "아니 어찌 저 거대한 것을……."

 "저것을 만든 이가 바로 그 아르키메데스더냐?"

 로마군 장수는 놀라서 입이 다물어지지 않았다. 아르키메데스의 소문을 듣기는 했지만, 그의 발명품들이 이처럼 위력적일 줄은 생각도 못 한 일이었다. 거대한 크레인은 움직도르래를 이용하여 무게를 줄인 후 고정 도르래의 원리를 이용하여 위로 들어 올려졌고, 조립을 통해 공격할 수 있는 지점으로 여기저기 이동이 가능했다.

 "피하라. 피하라. 저쪽에 있는 마지막 배로 가라."

 장수는 아직 멀쩡한 가장 바깥에 있는 배를 향해 손짓을 하며 커다란 목소리로 지시했다. 살아남은 로마군들은 '걸음아 날 살려라' 하며 배로 들어갔다.

 "닻을 올리고 빨리 퇴각하라."

 로마군 중 살아남은 자를 태운 배는 서둘러 항구를 떠났다. 살아남은 사람은 거의 백여 명, 아르키메데스의 온갖 발명품들과 무기로 큰 어려움 없이 시칠리아에 상륙해 있던 로마군을 몰아낼 수 있었다.

 정상적인 방법으로 아르키메데스의 전략과 무기를 도저히 따라갈 수 없었던 로마군은 퇴각한 후 지원병을 요청하게 되었고, 아르테미스 축제일에 다시 습격하려는 계획을 세우게 되었다.

'아, 이 책처럼 아르키메데스 아저씨와 연투스 성주님도 꼭 이기셨으면 좋겠다.'

재민이는 책을 펼친 채 그대로 생각에 잠겼다. 이런저런 생각에 요리조리 뒹굴었다. 자기가 보고 있는 책이 자신들이 마법 택시를 타고 돌아온 후 마법 여행 속에서 벌어진 일을 기록한 또 다른 마법책이었던 것은 전혀 알 수 없었다.

'정말 다들 보고 싶네.'

많은 이들과 함께한 추억과 즐거웠던 기억들이 방울방울 솟아났다. 하시만 왠지 마음은 점점 편안해졌다. 아무도 듣는 이 없었지만 조용하게 혼잣말을 했다.

"그럼 전 잘게요. 모두 안녕."

재민이는 행복한 마음으로 책을 덮고 따뜻한 이불 속으로 쏘옥 들어갔다.

공부에 도움이 되는 수학·과학 톺아보기

★톺아보기란?
'자세히 살펴보다'라는 뜻의 순우리말입니다.

1. 찬혁이와 재민이는 알파벳과 숫자를 순서대로 대입시켜 암호 게임을 하고 있다. 서로 제일 좋아하는 과일을 나타내기 위해 찬혁이가 apple을 1, 16, 16, 12, 5라고 하였다면, 재민이가 제일 좋아하는 orange는 어떻게 표현하였을지 쓰세요.

2. 길동이에게 형이 아래 쪽지를 남겼다. 어떤 암호가 숨겨져 있는지 풀어 보세요.

   암호 해독 키
   빵 먹고 싶니

   암호문
   밑은어챙내건마놔대놓있래침가이몰에물엄겨

3. 아르키메데스는 지레와 도르래의 원리를 이용하여 여러 무기와 발명품을 만들었다. 이처럼 지레와 도르래를 사용한 자신의 발명품을 그림으로 그려 보세요.

에필로그

"아니, 휴일까지 나와서 이게 무슨 짓이람."

"그러게 말일세. 갑자기 왜 기계들이 작동을 멈추어서……."

직원들이 투덜투덜하면서 이야기를 나누고 있었다. 어제 과학관에서 큰일이 있었다. 과학관 내 모든 기계가 갑자기 작동을 멈춘 것이다. 컴퓨터는 물론이고 컴퓨터와 연결되지 않은 일반 기기까지 모두 일시에 멈추었다 다시 작동됐다. 단순히 컴퓨터 바이러스 침투라고 보기 힘든 일이었다.

"그나저나 갑자기 왜 이런 일이 생기지?"

알 수 없는 이유로 이런 일이 발생하자 과학관 내 모든 시설에 대해서 비상 점검을 하라는 관장의 특별 지시가 있었다. 경찰까지 동원하여 외부의 소행이 아닌지 전 건물에 걸쳐 확인하는 중이었다.

"저게 뭐죠?"

CCTV를 확인하던 직원들이 깜짝 놀랐다. 치렁치렁한 옷을 입은 사람이 옷을 바닥에 이리저리 끌며 한 방으로 들어가는 뒷모습이 잡혔다.

"수상한 사람 같은데, 빨리 확인해 봐."

그 방의 CCTV 저장 화면으로 들어가 보았다. 문을 열고 들어간 그는 모자를 푹 눌러써서 얼굴이 잘 보이지 않았다. 천으로 얼굴을 가리고 여기저기를 두리번거리다 어떤 기계 앞으로 조심스럽게 다가갔다.

"키는 엄청 작고, 얼굴을 완전히 가려서 알아볼 수가 없어."
"응. 아이가 어른 옷을 입은 것처럼 옷을 몸에다 걸쳤구먼. 모자도 맞지 않고, 누구 옷을 빌려 입고 온 건가?"

기묘한 얼굴과 복장을 한 난쟁이 같은 모습이었다. 손에 빨간 액체가 담긴 병을 들고 한 모금 쭈욱 마시곤 숨을 크게 쉬었다. 불안한 듯 여기저기를 계속 두리번거리더니 모서리에 장착된 CCTV를 보고는 조심조심 걸어왔다. 신기한 듯 한참을 바라보다 자신의 모습이 비치는 것을 보고 화들짝 놀라 빨간 액체를 부었다. 잠시 후 화면이 점점 뿌옇게 되더니 갑작스럽게 CCTV가 치익 소리를 내며 꺼졌다.

"앗, 화면이 꺼졌어."

컴퓨터가 작동을 멈췄던 시간과 정확히 일치했다. 1분 정도 지난 후 화면이 깜빡깜빡하며 정상으로 돌아왔다.

"방에 있던 기계가 사라졌다."

이상한 사람과 함께 방금 전까지 있었던 그 기계도 온데간데 없었다.

"저길 봐. 뭔가가 놓여 있는 것 같은데, 빨리 확대해 봐."

없어진 기계 자리에 쪽지 하나가 보였다. 종이 위에는 삐뚤삐뚤한 큼직한 글씨가 쓰여 있었다.

HONIX! he'll be back.
(호닉스! 그는 돌아온다.)

(3권에서 계속)

톺아보기 정답

p25

1. 위도: 한 국가나 지역의 위치를 표현하기 위해 지구상에 그어 놓은 가상의 가로선(기준:적도)
   경도: 한 국가나 지역의 위치를 표현하기 위해 지구상에 그어 놓은 가상의 세로선(기준:영국 그리니치 천문대)

2.

3.

4. ①

p38

1. 직진: 빛이 같은 물질 내에서 곧게 나아가는 성질
   반사: 빛이 물체의 표면에 부딪혀 나아가는 방향이 바뀌는 현상
   굴절: 빛이 한 물질에서 다른 물질을 지나갈 때 나아가는 방향이 꺾이는 현상
2. 빛은 직진하며 반사한다.
3. ③
4. 발화점 이상의 온도, 탈 물질, 공기(산소)
5. 발화점 아래로 온도 낮추기, 탈 물질 없애기, 공기(산소) 공급 막기
6. 물과 이산화탄소

p57

1. 3.14
2. ③
3.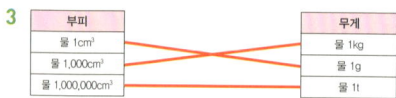
4. 부피는 늘어나고 무게는 그대로이다.

p77

1. ①에 아들 ④에 아빠 또는 ⑥에 아들 ③에 아빠
2. ① $5\frac{2}{3}$ ③ 1
3. 공기의 압력이 주변보다 높은 곳은 고기압, 공기의 압력이 주변보다 낮은 곳은 저기압이라고 한다. 물이 위에서 아래로 흐르는 것처럼, 공기는 기압이 높은 곳에서 낮은 곳으로 이동하게 되는데 이와 같은 원리로 바람이 불게 된다.
4. 해풍은 바다에서 육지로 부는 바람을 말하고, 육풍은 육지에서 바다로 부는 바람이다. 뜨거운 공기가 위로 올라가서 그곳을 채우기 위해 바람이 부는데, 낮에는 육지가 더 뜨거우므로 바다에서 육지 쪽으로 해풍이 불고, 밤에는 바다가 더 뜨거우므로 육지에서 바다 쪽으로 육풍이 분다.
5. 공약수:1, 2, 4, 8 / 최대공약수:8 / 두 수의 공약수는 두 수의 최대공약수의 약수이다.
6. 공배수:40, 80, 160, 200… / 최소공배수:40 / 두 수의 공배수는 두 수의 최소공배수의 배수이다.
7. 소수는 1과 자신을 제외하고 약수가 없는 수이다.

p97

1. $5 \times 5 \times 3.14 = 78.5 cm^2$
2. $8 \times 5 \div 2 = 20 cm^2$
3. 둘레:$(5+7) \times 2 = 24cm$, 넓이:$5 \times 7 = 35cm^2$
4. 부피:$2 \times 2 \times 2 = 8m^3$,
   겉넓이:$(2 \times 2) \times 2 + (8 \times 2) = 24cm^2$

p111

1. 중심, 반지름 5cm
2. 여러 가지 공, 수박, 지구
   구는 공 모양으로 뾰족한 부분이 없고 어디에서 봐도 원 모양이며, 구의 중심에서 구의 표면까지 모든 곳의 길이가 같다.
3.
4. 생략

p127
1. 아무리 크고 무거운 지구라도 기다란 막대기만 주어진다면 지레의 원리를 이용하여 지구를 들어 올릴 수 있다. 단, 아주 기다란 막대기가 있고 그 위에 지구를 올릴 수 있다는 가정에서이다.
2. 소리를 전달해 주는 공기가 없기 때문에
3. 크고, 높다

p139
1. 봉화가 사용될 때: 적의 침입이나 나라의 큰일을 알리기 위해 높은 산이나 성에 봉화대를 설치하였다. 낮에는 연기, 밤에는 불꽃 등을 이용하였고, 신호로 침입의 규모나 내용을 멀리까지 알릴 수 있었다.
   파발이 사용될 때: 나라의 급한 소식이나 중요한 문서를 사람이 말을 타고 가거나(기발) 걸어서(보발) 직접 전했다.
2. 오늘날의 통신수단은 선화기, 우편, 인터넷 등이 있다. 옛날보다 훨씬 빠르고 정확하며 간편하게 내용을 전달할 수 있다.
3. 이름: 고정도르래
   사용: 국기 게양대, 우물의 두레박 등에 사용된다.

p167
1. 반지름 4cm, 높이 7cm
2. 예1 75
   75−57=18
   81−18=63
   63−36=27
   72−27=45
   54−45=9
   예2 25
   52−25=27
   72−27=45
   54−45=9
3. ①
4. 높이, 밑면, 옆면, 밑면

p181
1. ②
2. 지구가 태양을 공전하기 때문에
3. 수성−금성−지구−화성−목성−토성−천왕성−해왕성
4. 가장 큰 행성: 목성 / 가장 작은 행성: 수성

p202
1. 예 5, 7, 8로 만드는 수
   875−578=297
   972−279=693
   963−369=594
   954−459=495
2. 생략
3. 20번을 말하면 지기 때문에 무조건 19를 내가 말해야 한다. 19를 말하려면 15를 내가 말하여야 한다. 같은 원리로 나는 11, 7, 3을 말하면 게임에 이기게 된다.

p220
1. 화산재, 화산 암석 조각, 용암, 화산가스 등
2. 선대칭도형: 므, 으, 브, 프, 미, 이, 피 등
   점대칭도형: 근, 늑, 표, 금, 응, 를 등
3. 정의: 한 직선(대칭축)을 따라 접어서 완전히 겹쳐지는 도형

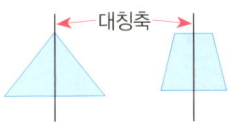

4. 정의: 어떤 점(대칭의 중심)을 중심으로 180도 돌렸을 때 처음 도형과 완전히 겹쳐지는 도형

5. 40개

p249
1. 15, 18, 1, 14, 7, 5
2. 침대 밑에 내가 놓은 물건이 있어 엄마 몰래 챙겨놔

암호 해독키	빵(4)	먹(3)	고(1)	싫(5)	니(2)
암호문	침	대	밑	에	내
	가	놓	은	물	건
	이	있	어	엄	마
	몰	래	챙	겨	놔

3. 생략

초판 발행 2017년 12월 27일
초판 인쇄 2017년 12월 20일

글 김성삼 | **그림** 김준식

펴낸이 정태선

기획·편집 안경란·정애영 | **디자인** 한민혜

펴낸곳 파란정원(자매사 책먹는아이) | **출판등록** 제395-2010-000070호
주소 서울시 서대문구 모래내로 464 2층(홍제동) | **전화** 02-6925-1628 | **팩스** 02-723-1629
제조국 대한민국 | **사용연령** 8세 이상 어린이
홈페이지 www.bluegarden.kr | **전자우편** eatingbooks@naver.com
종이 세종페이퍼 | **인쇄** 조일문화인쇄사 | **제본** 선명

글ⓒ김성삼 2017
ISBN 979-11-5868-105-0 74410
　　　979-11-5868-103-6 74410(세트)

이 책은 저작권법에 따라 보호받는 저작물이므로 무단 전재와 무단 복제를 금지하며,
이 책 내용의 전부 또는 일부를 이용하려면 반드시 저작권자와 파란정원(자매사 책먹는아이)의 동의를 얻어야 합니다.
*잘못된 책은 구입하신 서점에서 바꿔 드립니다.